L' Informatica per lavorare bene

LA COMUNICAZIONE ISTITUZIONALE IN RETE

Aspetti tecnici e giuridici
per la Pubblica Amministrazione

Vincenzo G. Calabrò

LA COMUNICAZIONE
ISTITUZIONE IN RETE
Autore: Vincenzo G. Calabrò

2009 © Lulu Editore

ISBN 978-1-4461-1676-8

Novembre 2010 Seconda edizione

Distribuito e stampato da:
Lulu Press, Inc.
3101 Hillsborough Street
Raleigh, NC 27607
USA

INDICE

INTRODUZIONE

Con le Regole tecniche e di sicurezza per il funzionamento del Sistema pubblico di connettività, emanate con il Decreto del Presidente del Consiglio dei Ministri n.1 del 1 aprile 2008, pubblicato in G.U. del 21 giugno 2008, n. 144 –S.G., e più precisamente con gli art. 12 comma b, i servizi web multicanale sono entrati a pieno titolo tra gli strumenti di eGovernment, quale mezzo per l'erogazione di servizi e informazioni via web sia verso le amministrazioni pubbliche ma soprattutto verso i cittadini.

Questo saggio nasce dall'esigenza di rendere disponibile in un unico documento due obiettivi diversi ma correlati:

• le Linee Guida con lo scopo di suggerire un'impostazione per la progettazione e lo sviluppo di un sito web, individuando le domande e i contesti normativi di riferimento a cui dover rispondere prima di avviare la progettazione esecutiva;

• ed un Modello operativo a supporto delle Linee Guida per fornire risposte pratiche e operative per la progettazione di un sito web, attraverso la definizione di un set di regole per ciascuno degli elementi tipici (componenti) della progettazione di un sito istituzionale.

L' obiettivo è suggerire alle pubbliche amministrazioni criteri e strumenti per la razionalizzazione dei contenuti on line, la riduzione dei siti web pubblici obsoleti e il miglioramento di quelli attivi.

Destinatari delle Linee guida sono tutte le amministrazioni pubbliche di cui all' art.1, comma 2, del Decreto legislativo 30 marzo 2001, n. 165, ovvero a tutte le amministrazioni dello Stato, ivi compresi gli istituti e le scuole di ogni ordine e grado e le istituzioni educative, le aziende ed amministrazioni dello Stato ad ordinamento autonomo, le Regioni, le Province, i Comuni, le Comunità montane, e loro consorzi e associazioni, le istituzioni universitarie, gli Istituti autonomi case popolari, le Camere di commercio, industria, artigianato e agricoltura e loro associazioni, tutti gli Enti pubblici non economici nazionali, regionali e locali, le amministrazioni, le aziende e gli Enti del Servizio sanitario nazionale, l'Agenzia per la rappresentanza negoziale delle pubbliche amministrazioni (ARAN) e le Agenzie di cui al Decreto legislativo 30 luglio 1999, n. 300.

STATO DELL'ARTE

"The User Challenge Benchmarking The Supply Of Online Public Services" (7th Measurement, September 2007) redatto per conto della "European Commission Directorate General for Information Society and Media"[1] ci fornisce una visione complessiva della situazione in Europa nell' ambito dei servizi pubblici on-line. Lo studio classifica i servizi sulla base del livello di interazione ("sophistication") garantito. I livelli individuati nello studio sono 5:

- Informazione,

- Interazione a una via,

---

[1] Il testo completo del report può essere scaricato dal sito dell'Europe's nformation Society, al link: http://ec.europa.eu/information_society/eeurope/i2010/docs/benchm arking/egov_benchmark_2007.pdf

- Interazione a due vie,

- Transazione,

- Personalizzazione/Pro-attività.

L'Italia che emerge dal report si pone all'undicesimo posto tra i 31 paesi Europei, con un livello complessivo di "completezza" dei servizi pari al 79%. In particolare è il trend degli ultimi anni a essere positivo, passando dal 58% di servizi completamente fruibili on line (4° livello di interazione) rilevato nelle precedenti ricerche al 70% della ricerca attuale. La percentuale di servizi "pro-attivi" (il massimo grado di interazione previsto per i servizi) è al di sopra della media europea.

Altre rilevazioni confermano che la presenza delle pubbliche amministrazioni sul web è elevata e quasi la totalità possiedono un proprio spazio web[2].

---

[2] Il testo completo della ricerca può essere scaricato dal sito dell'ISTAT, al link: http://www.istat.it/salastampa/comunicati/non_calendario/20080307 _00/testointegrale.pdf

Ma osservando da un'altra angolazione questi dati si evidenzia che, mentre la fiducia degli utenti nei confronti del web aumenta, diminuisce al contempo l'uso dei servizi dell'amministrazione. In particolare si è passati dal 39,6% di utenti che hanno utilizzato Internet per ottenere informazioni da sitidella P.A. al 35,9%; dal 28,7% al 24,8% di utenti che hanno scaricato moduli; dal 13,3% al 10,7% di utenti che hanno spedito moduli. La flessione, come detto, non è stata generalizzata all'uso di tutti i servizi on line, in quanto, dalla stessa indagine dell'ISTAT, risulta che, nelle altre attività su Internet (dalla ricerca di informazioni su prodotti e servizi all'uso di servizi bancari al download di software), la crescita è stata in media del 4% (con picchi di + 10%).

Mentre cresce la fiducia degli italiani verso Internet e mentre aumenta l'uso della rete come facilitatore delle attività pratiche e dei servizi, la pubblica amministrazione non deve perdere il passo dell'innovazione e, al pari degli altri Paesi Europei, proseguendo con fermezza sulla via dell'innovazione e dell'integrazione tra risorse, investendo in maniera crescente nel rendere i propri servizi sempre piùfruibili ed accessibili ai cittadini puntando a massimizzare il livello di interattività e funzionalità dei servizi.

LA COMUNICAZIONE ISTITUZIONALE IN RETE

TENDENZE EVOLUTIVE

Nel giugno del 2006, con l'avvio del Progetto SPC (Sistema Pubblico di Connettività), si sono create le condizioni per favorire l'innovazione e la standardizzazione dei servizi ai cittadini e alleimprese. SPC ha posto le basi per lo sviluppo di una grande infrastruttura tecnologica a favore dell'interoperabilità e cooperazione fra pubbliche amministrazioni ed ha anche avviato un processo di re-engineering e riprogettazione in ottiche evolutive e moderne dei servizi verso il grande pubblico.

Dal punto di vista tecnologico le evoluzioni si indirizzano sempre di più verso i nuovi paradigmi come il SOA (Service-Oriented Architecture) e il Web 2.0.

Il SOA rende le applicazioni software indipendenti dai sistemi operativi e consente dicomponentizzare il sistema permettendogli di erogare i singoli servizi. I vantaggi di questa scelta tecnologica sono palesi e riguardano la possibilità di riuso ed integrazione di componenti e applicazioni,la possibilità di adottare approcci a step senza grandi sconvolgimenti iniziali e di scalabilità con la conseguenza di implementazioni più rapide dei nuovi progetti.

Le tecnologie Web 2.0 invece (AJAX – XHTML, CSS, DOM, XML, XMLHttpRequest, Javascript) rendono l'interazione utente-sito web più efficiente e veloce. L'idea di fondo è la possibilità di scambiare continuamente piccoli pacchetti di dati in background tra il client ed il server in modo che le pagine non debbano essere caricate totalmente eliminando in tal modo la natura start-stop delleinterazioni. Il browser diventa una vera e propria macchina virtuale, un intermediario tra client e server, anche se la logica resta sul server remoto, la modalità di comunicazione da sincrona diventa asincrona. I vantaggi sono molti:

• la velocità di esecuzione cui consegue una migliore interattività perché le applicazioni rispondono più velocemente agli input dell'utente;

• il minor consumo di banda dovuto al fatto che tra client e server viaggiano solo le informazioni da aggiornare e non i contenuti ripetuti su tutte le pagine (ad esempio i fogli di stile e o script possono essere caricati solo una prima volta).

Ma è forse il Mash-up[3] la vera rivoluzione delle tecnologie Web 2.0. Il mash-up, tramite l'uso delle API (application programming interface) permette di unire contenuti e servizi di una o più applicazioni web per dare vita a una nuova applicazione web. È reso possibile da una visione innovativa del web, visto come una piattaforma unica in cui tutte le applicazioni, tramite linguaggi condivisi, sono in grado di comunicare tra loro.

Anche in questo scenario di evoluzione tecnologica si possono cogliere gli spunti per

---

[3] Il mash-up indica un'applicazione che usa contenuti prelevati da più sorgenti per creare un servizio completamente nuovo, un esempio possono essere le mappe di Google integrate con informazioni messe a disposizione da altre applicazioni web.

sfruttare appieno le opportunità rese disponibili alle amministrazioni pubbliche italiane dal progetto SPC, che rende disponibile un'opportunità per pianificare, progettare e realizzare servizi con un elevato livello di personalizzazione e interattività.

NORMATIVA

Nell' ambito della pubblica amministrazione, la progettazione e la realizzazione di un sito web che intenda raggiungere gli obiettivi di efficacia, efficienza e customer satisfaction, che ogni amministrazione è chiamata a garantire, deve avvalersi di una metodologia che consenta la normalizzazione e la standardizzazione dei processi sulla base di regole condivise, in relazione alle diverse finalità istituzionali.

La pubblicazione da parte dell' ente pubblico di informazioni e documenti, nonché l' offerta di servizi on line, oltre alla conformità alla normativa regolamentare nazionale ed internazionale, deve garantire la certezza istituzionale della fonte e l' attualità delle relative informazioni.

Nel nostro ordinamento, le disposizioni legislative emanate nel corso degli ultimi anni rafforzano il quadro di riferimento per la realizzazione di un' amministrazione digitale, anche in tema di progettazione e sviluppo di siti web. Nei paragrafi che seguono si evidenziano le più significative in termini di impatto e complessità, offrendo al contempo una sintetica presentazione dei principi fondamentali cui esse si ispirano.

1 Principi dell'Amministrazione digitale

Il testo normativo che riunisce i principi alla base dell' Amministrazione digitale è il Codice dell'amministrazione digitale (CAD), considerato nella versione del testo integrato che comprende:

• Decreto legislativo 7 marzo 2005, n. 82, pubblicato in G.U. del 16 maggio 2005, n. 112 –S.O. n. 93 "Codice dell'amministrazione digitale";

• Decreto legislativo 4 aprile 2006, n. 159, pubblicato in G.U. del 29 aprile 2006, n. 99 – S.O. n. 105 "Disposizioni integrative e correttive al decreto legislativo 7 marzo 2005, n. 82 recante Codice dell'amministrazione digitale";

• Decreto del Presidente del Consiglio dei Ministri del 1 aprile 2008 - "Regole tecniche e di sicurezza per il funzionamento del Sistema pubblico di connettività previste dall'articolo 71, comma 1-bis del Decreto legislativo 7 marzo 2005, n. 82, recante il " Codice dell'amministrazione digitale" ;

• Decreto legge 29 novembre 2008, n. 185, convertito in legge 28 gennaio 2009, n. 2 che ha introdotto modifiche al CAD;

• Legge 18 giugno 2009, n. 69, che ha introdotto il comma 2-ter e 2-quater all' articolo 54 del CAD in materia di contenuto dei siti delle pubbliche amministrazioni.

Il CAD promuove e regola la disponibilità, la gestione, l' accesso, la trasmissione, la conservazione e la fruibilità dell' informazione in modalità digitale, utilizzando le tecnologie dell' informazione e della comunicazione all'interno della pubblica amministrazione e nei rapporti tra amministrazione e privati.

In relazione alla progettazione e allo sviluppo di siti web, il CAD ha espresso alcune indicazioni di carattere generale ed altre più specifiche riguardanti, tra l' altro, i contenuti minimi che un sito di una pubblica amministrazione deve contenere per garantire il livello minimo di servizio al cittadino.

In particolare, per gli aspetti riguardanti direttamente i siti web delle Amministrazioni, si richiamano le seguenti disposizioni:

• articolo 52: accesso telematico ai dati e documenti delle pubbliche amministrazioni;

• articolo 53: caratteristiche dei siti;

• articolo 54: contenuto dei siti delle pubbliche amministrazioni;

• articolo 55: consultazione delle iniziative normative del Governo;

LA COMUNICAZIONE ISTITUZIONALE IN RETE

• articolo 56: dati identificativi delle questioni pendenti dinanzi all' autorità giudiziaria di ogni ordine e grado;

• articolo 57: moduli e formulari.

In attuazione della normativa contenuta nel CAD, la Direttiva del Ministro per l' innovazione e le tecnologie 18 novembre 2005 " Linee guida per la Pubblica amministrazione digitale" ha definito i criteri e le azioni concrete da attuare nelle pubbliche amministrazioni per realizzare i principi del "Codice dell'Amministrazione digitale". La Direttiva regolamenta diversi aspetti dell' attività amministrativa ed in particolare:

• la comunicazione telematica tra pubblica amministrazione e cittadini:

– comunicazione esterna e posta elettronica;

– servizi telematici di informazione preventiva;

• la comunicazione interna alle pubbliche amministrazioni;

- la Carta Nazionale dei Servizi;

- le transazioni economiche on line;

- la conferenza di servizi on line;

- la sicurezza dei sistemi informativi;

- le strutture per l'organizzazione, l'innovazione e le tecnologie.

2. Accessibilità

Il tema dell' accessibilità è stato per la prima volta normato dalla Legge 9 gennaio 2004, n. 4 (c.d. Legge Stanca), recante " Disposizioni per favorire l'accesso dei soggetti disabili agli strumenti informatici" che ha introdotto l' obbligo per le pubbliche amministrazioni di dotarsi di siti web accessibili.

In base a tale norma, l' accessibilità è definita come " la capacità dei sistemi informatici, nelle forme e nei limiti consentiti dalle conoscenze tecnologiche, di erogare servizi e fornire informazioni fruibili, senza discriminazioni, anche da parte di coloro che a causa di disabilità necessitano di tecnologie assistive o configurazioni particolari" .

Successivamente sono stati emanati i regolamenti attuativi:

• D.P.R. 1 marzo 2005, n. 75 recante il regolamento di attuazione della Legge Stanca per favorire l' accesso dei soggetti disabili agli strumenti informatici;

• Decreto Ministeriale 8 luglio 2005 contenente i requisiti tecnici ed i diversi livelli per l' accessibilità agli strumenti informatici;

• Decreto Ministeriale 30 aprile 2008 contenente le "Regole tecniche disciplinanti l'accessibilità agli strumenti didattici e formativi a favore degli alunni disabili" che ha definito linee guida per l'accessibilità e la fruibilità del software didattico da parte degli alunni disabili.

3 Trasparenza e partecipazione attiva del cittadino

La partecipazione del cittadino alla vita democratica è un principio che discende direttamente dal diritto di sovranità popolare e dal diritto di cittadinanza, riaffermato dalla normativa europea.

Alcune azioni dell' Unione, quali la "Carta europea dei diritti dell'uomo nella città" (2000) e l'Agenda della conferenza di Fuerteventura, "Sviluppo della cittadinanza democratica e di una leadership responsabile a livello locale" (2002), sostengono la partecipazione diretta dei cittadini e la massima trasparenza nelle comunicazioni tra pubblica amministrazione e cittadini.

Uno degli obiettivi fondamentali è trasformare, attraverso l' uso delle tecnologie dell' informazione e della comunicazione, le relazioni interne ed esterne del settore pubblico, con il fine di migliorare l' erogazione dei servizi e la partecipazione della società civile alla vita democratica. L' impiego delle tecnologie costituisce lo strumento principale per il mutamento delle relazioni fra soggetti, che richiede un rilevante cambiamento culturale, in particolare per i soggetti pubblici, i quali sono tenuti a rendere conoscibili e fruibili i dati in loro possesso, garantendone la qualità e l' aggiornamento.

Il principio della partecipazione attiva e della trasparenza dell' azione amministrativa, ribadito dalla "Carta europea per i diritti del cittadino nella Società dell'informazione e della conoscenza", con particolare riferimento alle tecnologie informatiche, sancisce quattro diritti fondamentali: il diritto all'accesso,il diritto all'informazione, il diritto alla formazione, il diritto alla partecipazione. La partecipazione viaggia, dunque, di pari passo con un altro concetto fondamentale: la " trasparenza" . La trasparenza intesa come " accessibilità totale" trova naturale attuazione, nell' era digitale, attraverso la pubblicazione sui siti web istituzionali delle amministrazioni pubbliche delle informazioni concernenti ogni aspetto dell'organizzazione. I curricula, le retribuzioni, i tassi di assenza e di presenza del personale, i risultati dell'attività di misurazione e valutazione svolta dagli organi competenti sono solo alcuni degli elementi essenziali per favorire la diffusione di forme di controllo del rispetto dei principi di buon andamento e imparzialità. La trasparenza costituisce, infatti, un livello essenziale delle prestazioni erogate dalle amministrazioni pubbliche ai sensi dell'articolo 117, secondo comma, lettera m) della Costituzione. Con il Decreto legislativo 27 ottobre 2009, n.150, il legislatore ha definito una serie di contenuti obbligatori che le pubbliche amministrazioni hanno l' onere di pubblicare in una apposita sezione sui propri siti web istituzionali.

La Legge 7 giugno 2000, n.150, nel disciplinare le attività di informazione e di comunicazione delle pubbliche amministrazioni, ha riconosciuto il diritto di accesso del cittadino all' azione amministrativa anche attraverso il ricorso agli istituti della concertazione e della partecipazione attiva.

4 Privacy

Il rapporto di condivisione in modalità elettronica dell' informazione e della comunicazione tra cittadino e pubblica amministrazione non può prescindere dal rispetto dei principi della privacy.

La regolamentazione in materia di privacy è definita dal Decreto legislativo 30 giugno 2003, n. 196" Codice in materia di protezione dei dati personali" (c.d. Codice della Privacy), in vigore dal 1 gennaio 2004 che, in materia informatica, prevede il rispetto di alcune misure minime di sicurezza.

Le prescrizioni contenute nel Codice della Privacy sono state aggiornate dai seguenti provvedimenti normativi:

• Legge 6 agosto 2008 n. 133, di conversione, con modificazioni, del Decreto legge 25 giugno 2008,n. 112 "Conversione in legge, con modificazioni, del Decreto legge 25 giugno 2008, n. 112, recante disposizioni urgenti per lo sviluppo economico, la semplificazione, la competitività, la stabilizzazione della finanza pubblica e la perequazione tributaria";

• Decreto legislativo 30 maggio 2008, n. 109, "Attuazione della Direttiva 2006/24/CE riguardante la conservazione dei dati generati o trattati nell'ambito della fornitura di servizi di comunicazione elettronica accessibili al pubblico o di reti pubbliche di comunicazione e che modifica la Direttiva 2002/58/CE";

• Legge 18 marzo 2008,n. 48, "Ratifica ed esecuzione della Convenzione del Consiglio d'Europa sulla criminalità informatica, fatta a Budapest il 23 novembre 2001, e norme di adeguamento dell'ordinamento interno".

L' istituzione del Garante per la protezione dei dati personali, con il compito di intervenire nei settori pubblici e privati per assicurare il corretto trattamento dei dati e la conformità dell' azione alla normativa vigente, attraverso l' esame dei reclami e delle segnalazioni in materia al fine di adottare provvedimenti specifici[4], ha aggiunto un ulteriore tassello alla regolamentazione della tutela dei dati personali.

5 Qualità del web

Il tema della qualità del web è, insieme all' accessibilità, alla partecipazione e alla comunicazione pubblica, direttamente connesso alla finalità di una pubblica amministrazione al servizio dei cittadini e delle imprese.

La Direttiva 24 marzo 2004 sulla rilevazione della qualità percepita dai cittadini della Presidenza del Consiglio dei Ministri, Dipartimento della Funzione Pubblica, introduce il tema delle indagini di custumer satisfaction non solo come strumenti per la rilevazione della qualità ex-post, ma anche come metodologia di

---

[4] Informazioni sull' attività del Garante per la protezione dei dati personali sono disponibili sul sito http://www.garanteprivacy.it.

rilevazione ex-ante delle esigenze dei cittadini, con lo scopo di migliorare la performance dei servizi offerti.

Ancora più specifica è la Direttiva27 luglio 2005 per la qualità dei servizi on line e la misurazione della soddisfazione degli utenti dal Ministro per l'innovazione e le tecnologie e dal Ministro per la funzione pubblica, che prevede, tra i compiti delle pubbliche amministrazioni, il miglioramento della comunicazione istituzionale e la verifica della soddisfazione del pubblico nei confronti dell'utilizzo dei servizi online (intendendo siti web, chioschi telematici, tv digitale, call center, telefoni cellulari).

Inoltre, la Direttiva statuisce la priorità del canale web rispetto agli altri individuati, ritenendo che:

• si tratti del canale più utilizzato per l'erogazione di servizi istituzionali;

• sfrutti pienamente le tecnologie disponibili;

• sia un "punto di accoglienza e di accesso per un bacino di utenza potenzialmente, e auspicabilmente, molto più esteso e diversificato di quello di qualunque sportello tradizionale";

• possa diventare elemento di promozione per gli altri canali;

• consenta di effettuare rilevazioni sulla soddisfazione dell'utente direttamente (tramite survey) e indirettamente, tramite l'analisi del suo comportamento.

In particolare, i punti 5 e 6 della Direttiva 27 luglio 2005 richiamano gli adempimenti in materia di qualità dei siti, dei portali e dei servizi on line.

Ulteriore provvedimento di riferimento è la Direttiva 24 ottobre 2005 del Ministro per la funzione pubblica sulla semplificazione del linguaggio delle pubbliche amministrazioni, che si è posta l'obiettivo di implementare nelle pubbliche amministrazioni la semplificazione del linguaggio in linea con le disposizioni in materia di comunicazione pubblica.

Infine, la Direttiva del Ministro per le riforme e le innovazioni nella pubblica amministrazione19 dicembre 2006 per una pubblica amministrazione digitale fornisce alla amministrazioni le indicazioni per accogliere un approccio organizzativo improntato sulla qualità, sulla autovalutazione e sul miglioramento continuo nell' adozione del Piano di azione nazionale 2007-2010.

6 Comunicazione pubblica

Il testo fondamentale che norma la materia della comunicazione pubblica è la Legge 7 giugno 2000, n. 150, che disciplina le attività di informazione e comunicazione delle pubbliche amministrazioni, ed il regolamento attuativo contenuto nella Direttiva P.C.M. 21 settembre 2000 sul programma delle iniziative di informazione e comunicazione istituzionale delle amministrazioni dello Stato che, nel definire i principi e le modalità cui devono attenersi le amministrazioni per il perseguimento degli obiettivi di trasparenza, efficacia ed economicità dell' azione amministrativa, prevede chele pubbliche amministrazioni siano dotate di uno strumento essenziale per migliorare le relazioni con i cittadini, elevando gli standard qualitativi della comunicazione sia interna che esterna.

Gli strumenti previsti dalla Legge per la comunicazione istituzionale rivolta a cittadini ed imprese prevedono: l' ufficio stampa, l' ufficio relazioni con il pubblico (URP) ed " analoghe strutture" . Le strutture analoghe previste richiamano i nuovi mezzi di comunicazione messi a disposizione dalla tecnologia: siti web, portali, newsletter.

7 Normativa regionale

Molte sono le Regioni che hanno regolamentato normativamente i principi della Società dell' informazione e gli aspetti organizzativi per garantire la disponibilità e la qualità dei servizi on line, in particolar modo per quanto riguarda le relazioni con gli Enti locali sul territorio.

Alcune Leggi regionali dedicano particolare attenzione al tema del pluralismo informatico e dell' utilizzo di standard e formati aperti.

ANALISI E IDENTIFICAZIONE DEGLI INTERVENTI DA REALIZZARE

I siti web della pubblica amministrazione, in quanto emanazione e rappresentazione dell' Ente che li ha realizzati, devono porsi, come obiettivo primario, quello di offrire all' utenza cui si rivolgono servizi, sia di tipo informativo che transazionale, rispondenti a caratteristiche di qualità sinteticamente esprimibili in:

1. accertata utilità;

2. semplificazione dell' interazione tra amministrazione ed utenza;

3. trasparenza dell' azione amministrativa;

4. facile reperibilità e fruibilità dei contenuti;

5. costante aggiornamento.

1. Tipologia dei siti web della PA e livelli d' interattività

Distinguiamo, per gli scopi di queste Linee Guida, due macrotipologie di siti pubblici:

siti istituzionali che si pongono come obiettivo prioritario quello di presentare una istituzione pubblica (Ministero, Ente pubblico non economico, Regione, Ente locale, ecc.), descrivendone l' organizzazione, i compiti, i servizi relativi ad atti e procedimenti amministrativi di competenza;

siti tematici che vengono realizzati, anche in collaborazione tra più amministrazioni, con una specifica finalità quale, a titolo esemplificativo:

— la presentazione di un progetto;

— la presentazione di un evento;

— l' erogazione di un particolare servizio;

— la focalizzazione di un' area di interesse.

Per entrambe le tipologie di siti, l' impegno richiesto alla pubblica amministrazione è cercare di raggiungere, oltre agli obiettivi specifici del sito, il massimo livello di funzionalità dei servizi offerti all' utenza che possono variare in relazione alla finalità del sito che li ospita (istruzione, salute, ambiente, giustizia, Regione, comune, ASL, ecc.) ed al livello dell'interazione con l'utenza.

In via generale, distinguiamo cinque livelli d' interazione dei servizi messi a disposizione su un sito pubblico, secondo la Tabella 1.

Livello di interazione	Obiettivi primari	Servizi offerti
Livello 1	Informazione	Sono fornite all'utente informazioni sul procedimento amministrativo (es. finalità, termini di richiesta, ecc.) ed eventualmente sulle modalità di espletamento (es. sedi, orari di sportello).
Livello 2	Interazione a una via	Oltre alle informazioni, sono resi disponibili all'utente i moduli per la richiesta dell'atto/procedimento amministrativo di interesse che dovrà poi essere inoltrata attraverso canali tradizionali (es. modulo di variazione residenza o moduli di autocertificazione).
Livello 3	Interazione a due vie	L'utente può avviare l'atto/procedimento amministrativo di interesse (es. il modulo può essere compilato e inviato online) e viene garantita on line solo la presa in carico dei dati immessi dall'utente e non la loro contestuale elaborazione.
Livello 4	Transazione	L'utente può avviare l'atto/procedimento amministrativo di interesse fornendo i dati necessari ed eseguire la transazione corrispondente interamente online, incluso l'eventuale pagamento dei costi previsti.
Livello 5	Personalizzazione e pro-attivo	L'utente, oltre ad eseguire online l'intero ciclo del procedimento amministrativo di interesse riceve proattivamente informazioni (sono ricordate le scadenze, è restituito l'esito del procedimento, ecc.).

Tabella 1 - Livelli di interattività

La Tabella 2, in funzione delle tipologie di siti individuate, identifica i possibili obiettivi primari del sito e, in corrispondenza, i contenuti caratterizzanti ed i livelli d' interazione prevedibili.

Tipologia di sito web	Obiettivi primari	Contenuti caratterizzanti	Livello di interazione
Istituzionale	Informare gli utenti sulle attività dell'ente	Chi siamo; dove siamo; attività istituzionali e correnti (news, comunicati stampa, etc.); organigramma; normativa; documentazione; concorsi; gare e appalti; ecc.	Dal 1 al 3°
	Erogare servizi di competenza	Servizi informativi; modulistica; servizi di interazione con l'utente (Scrivici, risposte a domande ricorrenti - Faq, ecc.); servizi transattivi e di pagamento.	Dal 1 al 5°
Tematico	Presentare un progetto, un'iniziativa, un evento	Interviste; interventi; sala stampa; comunicati stampa; speciali; approfondimenti; ecc.	Dal 1 al 3°
	Gestire una community	Forum; Wiki; bacheche; social navigation; ecc.	Dal 3° al 5°
	Erogare specifici servizi anche trasversali a più amministrazioni	Servizi informativi; modulistica; servizi di interazione con l'utente (Scrivici, risposte a domande ricorrenti - Faq, ecc.); servizi transattivi e di pagamento.	Dal 1 al 5°
	Formare	Documenti formativi; didattica on line; corsi on line (e-learning); tassonomie create dagli utenti(folksonomie).	Dal 3° al 5°

Tabella 2 – Obiettivi primari dei siti web della PA

L'elenco dei contenuti caratterizzanti ciascuna tipologia di siti non è esaustivo, ma è utile a specificare gli obiettivi. Allo stesso modo, gli obiettivi primari dei siti tematici riportati in Tabella 2 sono tra i più diffusi, ma non esauriscono la gamma delle possibili finalità di un sito appartenente a tale tipologia.

Nonostante il livello d' interattività dei servizi offerti da un sito web sia un indice importante per la valutazione del sito stesso, l'efficienza, l' efficacia e la qualità di un sito web sono legate ad altri aspetti fondamentali ed imprescindibili: la soddisfazione d'uso, l'appropriatezza, la capacità di interpretare i bisogni dell'utenza.

2. Tipologie di intervento da realizzare

Uno degli obiettivi fondamentali è razionalizzare le informazioni presenti in rete, ridurne i costi di gestione e offrire un servizio che vada nella direzione di un miglioramento continuo.

Il tema in questione impatta, secondo dati rilevati e stime effettuate, su oltre 40.000 siti web gestiti dalle pubbliche amministrazioni, suddivisi tra istituzionali e tematici.

Per quanto riguarda la categoria dei siti istituzionali, gli interventi di razionalizzazione mirano quasi interamente ad una revisione dei contenuti e ad una eventuale cancellazione di pagine obsolete, predisponendo un archivio storico che preservi, nel tempo, il patrimonio informativo. Di norma, non è previsto arrivare alla chiusura di un sito web istituzionale, salvo che non sia la stessa amministrazione ad essere accorpata o soppressa a seguito di interventi normativi o regolamentari.

Per quanto concerne invece la categoria dei siti tematici, oltre alla revisione dei contenuti, si può giungere ad una vera e propria dismissione, ove non sussistano più le condizioni minime di utilità.

In relazione ai siti tematici, le presenti Linee guida intendono proporre una strategia di intervento che coinvolga principalmente i responsabili del procedimento di pubblicazione dei contenuti dei siti web.

A tali fini, è importante che le pubbliche amministrazioni conferiscano a questi ultimi il compito di:

1. porre in essere azioni continue di manutenzione dei contenuti web pubblicati nel sito istituzionale e di rendere evidente la presenza di questa attività;

2. valutare l' opportunità di avviare interventi di razionalizzazione dei contenuti on linee di riduzione dei siti tematici;

3. promuovere una verifica dell' utilità riferita all' attivazione di un nuovo sito o servizio web.

Affinché ciascuna Amministrazione possa identificare quali azioni compiere per il processo di miglioramento della qualità dei servizi e delle informazioni on line al cittadino, è opportuno avviare un' analisi che comprende tre fasi fondamentali:

1. la raccolta delle informazioni critiche;

2. la valutazione preliminare;

3. l' individuazione dello scenario di riferimento.

Per ogni sito web dell' amministrazione, l' attività di raccolta delle informazioni deve essere finalizzata a:

- realizzare una mappa di tutti i siti web afferenti alla propria amministrazione;

- predisporre, per ogni sito web, una scheda che includa un insieme minimo di elementi conoscitivi:

  - la descrizione degli obiettivi e della storia del sito;

  - alcuni indicatori chiave quali:

  - lo stato di aggiornamento dei contenuti;

  - gli accessi unici e le pagine lette;

  - la soddisfazione dell' utente;

  - i dati di costo (investimento, costi correnti, risorse umane).

Sulla base delle informazioni raccolte e attraverso una autodiagnosi basata sugli aspetti sintetizzati nella Tabella 3, ogni amministrazione può effettuare una valutazione e individuare lo scenario di riferimento.

Tabella 3 – Checklist di base per l' individuazione della tipologia di intervento da realizzare

Identificare il numero dei siti tematici e quando sono stati realizzati.
Individuare i siti coincidenti con progetti, iniziative, eventi conclusi già da tempo.
Determinare l' esistenza di altri siti tematici con contenuti ridondanti rispetto a altri siti, anche gestiti da strutture o uffici differenti (della stessa Amministrazione o di altre), per i quali potrebbe essere attuata una opera di consolidamento.
Valutare la possibilità di ricomprendere nel sito istituzionale le tematiche trattate nei siti tematici.
Effettuare la rilevazione e l' analisi degli accessi, con particolare riguardo alla soddisfazione degli utenti.
Nel caso della gestione di una community, valutare la coerenza tra risultati attesi e risultati conseguiti, in termini di numero di iscrizioni, discussioni avviate e messaggi ricevuti.
Nel caso dei siti web tematici dedicati a specifici servizi, valutare la coerenza tra risultati attesi e

risultati conseguiti, in termini di transazioni gestite e di visite degli utenti.
Nel caso di siti web tematici relativi alla formazione, valutare l' adeguatezza dell' aggiornamento dei contenuti didattici, l' adeguatezza del numero di utenti e del livello di utilizzo.
Valutare quanto sia necessario rendere visibili contenuti che si considerano obsoleti.
Analizzare l' effettiva utilità di un sito tematico creato per supportare una attività o un progetto ormai concluso.
Valutare se il sito è gestito con un numero congruo di persone.
Individuare i costi di gestione del sito.
Analizzare i contratti in essere legati al sito.
Verificare l' avvenuta registrazione del sito al dominio .gov.it .

Una volta terminato il processo di analisi preliminare, per ciascun sito, l' Amministrazione può identificarsi in una delle seguenti situazioni:

Caso A - sito da mantenere: il sito risponde positivamente alla valutazione e non richiede interventi di riduzione.

Caso B - sito da razionalizzare: il sito non risponde positivamente alla valutazione, ma sussistono gli obiettivi e le condizioni che hanno portato alla sua realizzazione ed è necessaria una revisione dei contenuti o dell'architettura informativa o del nome di dominio.

Caso C - sito da dismettere: il sito non risponde positivamente alla valutazione e non sussistono gli obiettivi iniziali o le condizioni che hanno portato alla sua realizzazione. Conseguentemente, deve essere dismesso, trasferendo o archiviando i contenuti.

Caso D - sito da realizzare: l' amministrazione deve attivare un nuovo sito web tematico.

CRITERI D' INDIRIZZO E STRUMENTI PER GARANTIRE LA QUALITÀ DEI SITI WEB DELLA PUBBLICA AMMINISTRAZIONE

Il processo di miglioramento dei siti web delle pubbliche amministrazioni prende avvio da un insieme di fattori chiave: la riconoscibilità della natura pubblica del sito; la chiara identificazione dell'amministrazione che lo gestisce; la concreta indicazione delle modalità per soddisfare i requisiti minimi derivanti dalle previsioni normative di cui al paragrafo 1.1.

In questa sezione sono descritte le modalità per:

1. iscrivere un sito al dominio ".gov.it", come condizione essenziale per l'immediata riconoscibilità della sua natura pubblica e scegliere il nome del sito, per identificare livello amministrativo, specificare

l'amministrazione che lo gestisce ed il responsabile incaricato;

2. soddisfare i principi di trasparenza dell'azione amministrativa, identificando i contenuti minimi indispensabili di un sito web pubblico e le politiche di gestione in merito alla natura e all'utilizzo dei contenuti on line ed alle modalità di trattamento dei dati inseriti dall'utente;

3. garantire il costante aggiornamento di un sito web pubblico e renderlo visibile;

4. rispettare i requisiti di accessibilità e usabilità;

5. realizzare l'accesso sicuro ai servizi on line;

6. rispettare le corrette regole per il trattamento dei dati personali;

7. monitorare la qualità di un sito web pubblico.

1. Iscrizione al dominio " .gov.it"

I siti web rappresentano da tempo un consolidato strumento di comunicazione e diffusione di servizi, di cui anche la pubblica amministrazione fa largo uso, a cui deve essere riconosciuto un significativo contributo nella costruzione di un rapporto aperto e proficuo con gli utenti (cittadini, imprese, istituzioni).

Per tale motivo, è necessario che la pubblica amministrazione caratterizzi la propria offerta di informazioni e servizi in modo che possa essere facilmente " distinta" dall' offerta complessiva sul web, senza ambiguità e possibili fraintendimenti.

La Direttiva 8/2009 sancisce nelle Premesse l' ambito di applicazione e l' obbligatorietà dell' iscrizione al dominio .gov.it: " [...] le pubbliche amministrazioni sono tenute a provvedere all' iscrizione al *dominio .gov di tutti i siti che intendono mantenere attivi"* .

La registrazione al dominio .gov.it dei siti della Pubblica Amministrazione garantisce che, già a partire dall' indirizzo web (il più sintetico degli elementi rappresentativi di un sito), sia immediatamente percepita dagli utenti la natura pubblica dell' informazione, ovvero l' appartenenza del sito alla Pubblica Amministrazione.

Il dominio .gov.it è gestito da DigitPA che cura lo svolgimento delle seguenti procedure:

o registrare un nuovo sottodominio;

o variare gli attributi di un sottodominio già registrato;

o cessare l' utilizzo di un sottodominio;

o sostituire il referente amministrativo di un sottodominio già registrato.

Il documento " Dominio .gov.it – Procedura per la gestione delle registrazioni dei sottodomini di terzo livello gov.it", pubblicato sul sito di DigitPA, approfondisce gli scenari cui fare riferimento per avviare correttamente le procedure descritte e fornisce in allegato la relativa modulistica.

Il responsabile del procedimento di pubblicazione, all' indirizzo e-mail indicato nel sito, riceverà gli esiti delle verifiche periodiche per il mantenimento del nome a dominio .gov.it.

Per quanto riguarda le modalità di assegnazione del nome e di gestione dei nomi a dominio , ai sensi della Direttiva PCM 30 maggio 2002 " [···] *i nomi di dominio di 3° livello da utilizzare nell'ambito del dominio .gov.it dovranno essere il più possibile autoesplicativi e brevi: a tal fine è opportuno non inserire nel nome il suffisso "ministero, ente, dipartimento [···]"* (es. *innovazionepa.gov.it).*" e " [···] *La modalità di assegnazione dei nomi nel dominio ".gov.it" è analoga a quanto ad oggi avviene per la registrazione di nomi nel dominio ".it" o sotto la sua struttura geografica predefinita. [···] Ogni altra attività relativa alla gestione dei domini, come cambio di nome, cessazione, riassegnazione, cambio di provider/mantainer, modifica della delega ecc. dovrà essere tempestivamente comunicata con lettera al Dipartimento"* .

Quindi, in analogia con quanto stabilito per il dominio .it, da parte dell' Ente delegato per la sua gestione (CNR – Istituto di Informatica e Telematica di Pisa) nel *Regolamento di assegnazione e gestione dei nomi del ccTLD it* (http://www.nic.it/documenti/regolamenti-e-lineeguida/regolamento-assegnazione-versione-6.0.pdf), nel dominio .gov.it sono individuati:

• una gerarchia di tipo geografico costituita da regioni, province e comuni (c.d. struttura geografica predefinita), definita secondo quanto stabilito nel *Regolamento di assegnazione e gestione dei nomi del ccTLD it;*

• nomi di dominio riservati e non assegnabili, definiti secondo quanto stabilito nel *Regolamento di assegnazione e gestione dei nomi del ccTLD it,* con l' aggiunta dei nomi " .camcom" , " .edu" , " .ssn" ;

• nomi di dominio riservati ed assegnabili, definiti secondo quanto stabilito nel *Regolamento di assegnazione e gestione dei nomi del ccTLD it,* con l' aggiunta dei nomi delle pubbliche amministrazioni centrali, degli Enti pubblici non economici e degli organi costituzionali;

• nomi di dominio assegnabili non riservati, definiti secondo quanto stabilito nel *Regolamento di assegnazione e gestione dei nomi del ccTLD it.*

La gestione del dominio .gov.it è centralizzata, anche per quanto riguarda la gerarchia di tipo geografico. Non è quindi prevista l' assegnazione di domini di terzo livello (*third level domain*) a specifiche categorie preposte istituzionalmente alla gestione del settore di competenza, per una gestione delegata ed autonoma.

Per favorire la riconoscibilità dei siti istituzionali delle Amministrazioni, nel dominio .gov.it si adottano criteri di assegnazione dei nomi di dominio, che rendono l' iscrizione al dominio un' occasione per ripensare e riorganizzare in modo omogeneo il nome dei siti dell' Ente.

I nomi di dominio dei siti istituzionali risultano quindi composti da due parti:

1. una stringa alfanumerica scelta dall' amministrazione, per la quale si suggerisce di utilizzare termini autoesplicativi di immediata riconoscibilità;

2. una stringa di caratteri assegnata in modo prestabilito, sulla base della tipologia di amministrazione, stabilita all' atto dell' iscrizione al dominio " .gov.it" .

Nella scelta del nome dei siti tematici, si consiglia sempre di inserire i siti all' interno del dominio istituzionale dell'' Ente, realizzando dei sottodomini *ad hoc* (es: <nome_a_scelta>.<nome_ente>.gov.it) oppure delle sottosezioni del dominio istituzionale (es: <nome_ente>.gov.it/<nome_a_scelta>).

Qualora ciò non fosse possibile, vale la regola generale di assegnazione dei nomi di dominio auto esplicativi e di facile riconoscibilità, nella forma: <nome_a_scelta>.gov.it o, nel caso di siti tematici che riguardano un particolare territorio, utilizzando l' ambito geografico di riferimento.

1.1. Gestione della migrazione al dominio " .gov.it"

Ferma restando l' indicazione di provvedere all' iscrizione .gov.it per tutte le amministrazioni, si consiglia di iscrivere contestualmente lo stesso nome anche sotto il dominio .it.

Inoltre, si consiglia di mantenere attivi i nomi di dominio .it precedentemente utilizzati, all' atto dell' iscrizione dei siti delle amministrazioni al dominio .gov.it.

Per garantire la raggiungibilità e la riconoscibilità dell'amministrazione nell' ambito del dominio .gov.it si dovrà effettuare un redirezionamento delle richieste di accesso al sito, effettuate sull' indirizzo .it verso il nuovo indirizzo .gov.it.[5]

Se vengono registrati più domini commerciali associati al proprio sito è consigliabile che tutti reindirizzino al dominio principale .gov.it.

2. Trasparenza e contenuti minimi dei siti istituzionali pubblici

L' art.11 del decreto legislativo 27 ottobre 2009, n. 150, definisce la trasparenza come " *accessibilità totale, anche attraverso lo strumento della pubblicazione sui siti istituzionali delle amministrazioni pubbliche, delle informazioni concernenti ogni aspetto dell'organizzazione, degli indicatori relativi*

---

[5] Per una completa usabilità di tale procedura, il redirezionamento deve preferibilmente essere effettuato lato server, via protocollo HTTP. Qualora ciò non fosse possibile, e quindi il redirezionamento debba essere effettuato lato client, via HTML, è necessario realizzare una pagina che spieghi all' utente ciò che accade ed impostare dei tempi di redirezionamento sufficienti a garantire all' utente il pieno controllo dell'operazione.

agli andamenti gestionali e all'utilizzo delle risorse per il perseguimento delle funzioni istituzionali, dei risultati dell'attività di misurazione e valutazione svolta dagli organi competenti, allo scopo di favorire forme diffuse di controllo del rispetto dei principi di buon andamento e imparzialità. Essa costituisce livello essenziale delle prestazioni erogate dalle amministrazioni pubbliche ai sensi dell'art. 117, secondo comma, lettera m), della Costituzione".

L'attività amministrativa deve ispirarsi al principio di trasparenza ed i cittadini hanno diritto ad una informazione completa e qualificata anche attraverso i siti pubblici. È necessario quindi assicurare la massima circolazione possibile delle informazioni sia all'interno del sistema amministrativo, sia fra quest' ultimo ed il mondo esterno, in modo tale che l' operato delle amministrazioni pubbliche sia garante della piena legalità.

L' art. 54 del Decreto legislativo 7 marzo 2005, n. 82 " Codice dell'' Amministrazione digitale" individua i dati minimi che devono essere necessariamente presenti nei siti istituzionali pubblici.

Da ultimo, l' art. 32 della Legge 69/2009 introduce il tema della pubblicazione sui siti istituzionali di atti e provvedimenti amministrativi aventi effetto di pubblicità legale, come assolvimento dell' obbligo di pubblicazione.

La Tabella seguente schematizza le informazioni che necessariamente devono essere presenti sui siti istituzionali, collegandole alle norme di riferimento e segnalando alla voce " Eventuali vincoli" le principali prescrizioni individuate dalla norma medesima per ciascuna voce.

Contenuto minimo	Norma di riferimento	Eventuali vincoli
L'organigramma e l'articolazione degli uffici, le attribuzioni e l'organizzazione di ciascun ufficio anche di livello dirigenziale non generale, i nomi dei dirigenti responsabili dei singoli uffici, nonché il settore dell'ordinamento giuridico riferibile all'attività da essi svolta.	art. 54 del Decreto legislativo 7 marzo 2005, n. 82 "Codice dell'Amministrazione digitale"	• servizio di consultazione costantemente disponibile in homepage; • elemento chiaramente indirizzato da un'etichetta esplicativa; • informazioni costantemente aggiornate e corrispondenti a quanto indicato nell'atto normativo che regolamenta l'organizzazione della amministrazione.
Le informazioni relative all'Ufficio relazioni con il pubblico (URP).	Legge 150/2000	• direttamente raggiungibili dalla testata o dalla home page; • indirizzate dall'etichetta "URP" o "Ufficio Relazioni con il Pubblico".
Il programma triennale per la trasparenza e l'integrità ed il relativo stato di attuazione.	Decreto legislativo 150/2009	• apposita sezione denominata "Trasparenza, valutazione e merito" in homepage del sito istituzionale; • identificazione tramite il logo[4].
Il Piano e la Relazione sulle performance.	Decreto legislativo 150/2009	• apposita sezione denominata "Trasparenza, valutazione e merito" in homepage del sito istituzionale; • identificazione tramite il logo.
L'ammontare complessivo dei premi collegati alla performance stanziati e l'ammontare dei premi effettivamente distribuiti.	Decreto legislativo 150/2009	• apposita sezione denominata "Trasparenza, valutazione e merito" in homepage del sito istituzionale; • identificazione tramite il logo.
L'analisi dei dati relativi al grado di differenziazione nell'utilizzo della premialità sia per i dirigenti, sia per i dipendenti.	Decreto legislativo 150/2009	• apposita sezione denominata "Trasparenza, valutazione e merito" in homepage del sito istituzionale; • identificazione tramite il logo.
I nominativi ed i curricula dei componenti degli Organismi indipendenti di valutazione e del Responsabile delle funzioni di misurazione della performance.	Decreto legislativo 150/2009	• apposita sezione denominata "Trasparenza, valutazione e merito" in homepage del sito istituzionale; • identificazione tramite il logo.
I curricula dei dirigenti e dei titolari di posizioni organizzative, redatti in conformità al vigente modello europeo.	Decreto legislativo 150/2009	• apposita sezione denominata "Trasparenza, valutazione e merito" in homepage del sito istituzionale; • identificazione tramite il logo.

Contenuto minimo	Norma di riferimento	Eventuali vincoli
Le retribuzioni dei dirigenti, con specifica evidenza sulle componenti variabili della retribuzione e delle componenti legate alla valutazione di risultato.	Decreto legislativo 150/2009	• apposita sezione denominata "Trasparenza, valutazione e merito" in homepage del sito istituzionale; • identificazione tramite il logo.
I curricula e le retribuzioni di coloro che rivestono incarichi di indirizzo politico amministrativo.	Decreto legislativo 150/2009	• apposita sezione denominata "Trasparenza, valutazione e merito" in homepage del sito istituzionale; • identificazione tramite il logo.
Gli incarichi, retribuiti e non retribuiti, conferiti ai dipendenti pubblici e a soggetti privati.	Decreto legislativo 150/2009	• apposita sezione denominata "Trasparenza, valutazione e merito" in homepage del sito istituzionale; • identificazione tramite il logo.
I tassi di assenza e di maggiore presenza del personale distinti per uffici di livello dirigenziale.	Legge 18 giugno 2009 n. 69	• apposita sezione denominata "Trasparenza, valutazione e merito" in homepage del sito istituzionale; • identificazione tramite il logo.
L'elenco delle tipologie di procedimento svolte da ciascun ufficio di livello dirigenziale non generale, i termini e le scadenze per la conclusione di ciascun procedimento.	art. 54 del Decreto legislativo 7 marzo 2005, n. 82 "Codice dell'Amministrazione digitale"	• raggiungibile dalla home page del sito, in posizione ben evidente; • correlato alle sezioni informative sui procedimenti ed a quelle di distribuzione della modulistica e servizi on line.
Il nome del responsabile e l'unità organizzativa responsabile dell'istruttoria e di ogni altro adempimento procedimentale, nonché dell'adozione del provvedimento finale, come individuati ai sensi degli articoli 2, 4 e 5 della Legge 7 agosto 1990, n. 241.	art. 54 del Decreto legislativo 7 marzo 2005, n. 82 "Codice dell'Amministrazione digitale"	• raggiungibile dalla home page del sito, in posizione ben evidente; • correlato alle sezioni informative sui procedimenti.
Le scadenze e le modalità di adempimento dei procedimenti individuati ai sensi degli articoli 2 e 4 della Legge 7 agosto 1990, n. 241.	art. 54 del Decreto legislativo 7 marzo 2005, n. 82 "Codice dell'Amministrazione digitale"	• raggiungibile dalla home page del sito, in posizione evidente; • correlato alle sezioni informative sui procedimenti.
L'elenco delle caselle di posta elettronica istituzionali attive e delle caselle di posta elettronica certificata.	art. 54 del Decreto legislativo 7 marzo 2005, n. 82 "Codice dell'Amministrazione digitale"	• associate al nome e cognome del dipendente destinatario o titolo dell'ufficio destinatario o descrizione della funzione cui la casella è riservata.
L'elenco delle caselle di posta elettronica certificata.	art. 54 del Decreto legislativo 7 marzo 2005, n. 82 "Codice dell'Amministrazione digitale"	• costantemente disponibile all'interno della testata ovvero collocato in posizione privilegiata per visibilità della home page del sito.
Le pubblicazioni, i messaggi di informazione e di comunicazione.	art. 54 del Decreto legislativo 7 marzo 2005, n. 82 "Codice dell'Amministrazione digitale"	-
L'elenco dei concorsi.	art. 54 del Decreto legislativo 7 marzo 2005, n. 82 "Codice dell'Amministrazione digitale"	• raggiungibile dalla home page del sito; • indirizzato dalla etichetta "Concorsi".

Contenuto minimo	Norma di riferimento	Eventuali vincoli
L'elenco dei bandi di gara.	art. 54 del Decreto legislativo 7 marzo 2005, n. 82 "Codice dell'Amministrazione digitale"	• raggiungibile dalla home page del sito; • indirizzato dalla etichetta "Bandi di gara".
La pubblicità legale.	art. 32 della Legge n 69/2009	• raggiungibile dalla home page del sito; • indirizzata dalla etichetta "Pubblicità legale" ovvero, per gli enti territoriali, "Albo pretorio" o "Albo pretorio on line".
L'elenco dei servizi forniti in rete.	art. 54 del Decreto legislativo 7 marzo 2005, n. 82 "Codice dell'Amministrazione digitale"	• disponibile sulla barra di navigazione del sito ovvero sulla home page del sito in posizione massimamente visibile; • indirizzato dalla etichetta "Servizi online".
L'elenco dei servizi di futura attivazione.	art. 54 del Decreto legislativo 7 marzo 2005, n. 82 "Codice dell'Amministrazione digitale"	• disponibile all'interno della sezione servizi on line ovvero sulla home page del sito; • indirizzato dalla etichetta "Servizi di futura attivazione".

Tabella 5 — Contenuti minimi dei siti web istituzionali

Si ricorda inoltre che, ai sensi dell'art 57) bis del CAD, modificato dall' art 17) del Decreto Legge del 01/07/2009 n. 78, le amministrazioni sono tenute ad aggiornare, con cadenza almeno semestrale, le informazioni presenti nell' Indice delle pubbliche amministrazioni (IPA), istituito con il DPCM 1 aprile 2008, per quanto riguarda la struttura organizzativa, l'elenco dei servizi offerti e le informazioni relative al loro utilizzo e gli indirizzi di posta elettronica. Le indicazioni per la pubblicazione sull' IPA sono contenute nel documento " Guida ai servizi di Indice delle amministrazioni pubbliche e delle aree organizzative omogenee" disponibile sul sito www.indicepa.gov.it – sezione per le Amministrazioni nonché nella sezione SPC del sito di DigitPA.

Si fa presente che, per la pubblicazione di servizi su IPA, è necessario svolgere la procedura di accreditamento. Il modulo per l' accreditamento è disponibile sul sito dell' IPA alla sezione riservata alle Amministrazioni.

La mancata comunicazione degli elementi necessari al completamento dell'indice e del loro aggiornamento è valutata ai fini della responsabilità dirigenziale e dell'attribuzione della retribuzione di risultato ai dirigenti responsabili.

2.1. Contenuti minimi dei siti tematici pubblici

I siti tematici pubblici debbono riportare nel piè di pagina una sezione informativa indirizzata dall' etichetta " Informazioni sul sito" con i seguenti contenuti:

o Amministrazioni responsabili: indicazione delle Amministrazioni, una o più, che hanno realizzato il sito e che lo gestiscono, con i diversi ruoli;

o Finalità del sito: sintetica descrizione delle finalità del sito con il riferimento alle norme, ai protocolli d' intesa, al progetto o all' iniziativa che ne hanno determinato o reso opportuna la realizzazione;

o Frequenza di aggiornamento dei contenuti: descrizione dei motivi, delle modalità e dei tempi previsti per l' aggiornamento dei contenuti;

o Periodo di validità del sito: segnalazione della data eventualmente prevista per la chiusura del sito.

3. Aggiornamento e visibilità dei contenuti

Una indicazione particolarmente interessante, di cui all' art. 5 della Direttiva 27 luglio 2005 per la qualità dei servizi on-line e la misurazione della soddisfazione degli utenti, è quella che attribuisce un' importanza strategica al canale web come " *punto di accoglienza e di accesso per un bacino di utenza potenzialmente, ed auspicabilmente, molto più esteso e diversificato di quello di qualunque sportello tradizionale*".

A tali fini, assumono piena significatività i requisiti di aggiornamento e di visibilità dei contenuti di un sito pubblico.

3.1. Aggiornamento

Un sito pubblico deve assicurare costantemente l' aggiornamento attraverso la definizione di criteri di validità, a livello di sezione o di specifico contenuto da pubblicare, e di politiche per l' aggiornamento continuo dei contenuti sulla base dei criteri definiti.

Relativamente al primo aspetto, tra i principali attributi di validità associabili ad un contenuto, si individuano i seguenti:

o permanente: il contenuto in sé non è soggetto ad obsolescenza (es. sezione " La nostra storia" del sito INPS) certamente può essere modificato ed integrato, ma non perde mai di significatività;

o collegata: il contenuto è collegato ad un evento che ne determina la necessità di aggiornamento (es. il contenuto " organigramma" è collegato alla variazione dell' assetto organizzativo dell' Amministrazione);

o a termine: il contenuto ha una scadenza che ne determina l' eliminazione ovvero lo spostamento in un archivio (es. un avviso, una notizia, ecc.).

Naturalmente, l' Amministrazione potrà definirne diversi o ulteriori attributi di validità sulla base delle proprie specifiche esigenze.

Ad ogni contenuto o sezione di contenuti deve essere attribuita una validità al momento della pubblicazione. Le politiche di aggiornamento dei contenuti debbono essere collegate, possibilmente anche in automatico, alla validità attribuita ai contenuti.

Il responsabile del procedimento di pubblicazione partecipa alla definizione delle politiche di aggiornamento ed è responsabile della loro applicazione.

3.2. Visibilità

Le Amministrazioni sono tenute ad informare gli utenti dell' esistenza dei loro siti web, segnalandone chiaramente l' indirizzo in tutte le occasioni di comunicazione ed in particolare:

• per i siti istituzionali:

o nella carta intestata dell' Amministrazione e nei biglietti da visita dei dipendenti;

o nella firma istituzionale delle e-mail dei dipendenti;

o nella modulistica;

- per i siti istituzionali e per quelli tematici:

o nei documenti a circolazione esterna;

o nelle pubblicazioni cartacee di ogni tipo;

o nei comunicati pubblicitari stampa, radiofonici e televisivi.

4. Accessibilità e usabilità

4.1. Requisiti per l'accessibilità

Dal 2004 è in vigore in Italia la Legge 9 gennaio 2004, n. 4, che riconosce e tutela il diritto di accesso ai servizi informatici e telematici della Pubblica Amministrazione[6] da parte dei disabili. Il concetto di accessibilità dei siti web è strettamente legato a un principio fondamentale della nostra società, quello delle pari opportunità, e l'accesso dei cittadini disabili ai servizi della Pubblica Amministrazione deve quindi essere garantito a tutti. L' obiettivo della Legge è l' abbattimento delle barriere digitali che limitano o impediscono l' accesso agli strumenti della società dell' informazione da parte dei disabili.

Con il regolamento attuativo della predetta Legge 4/2004[7], sono stati sanciti i criteri e i principi operativi ed organizzativi generali per l'accessibilità, mentre con il

---

[6] L' articolo 3, comma 1, legge 9 gennaio 2004, n. 4 " *Disposizioni per favorire l'accesso dei soggetti disabili agli strumenti informatici* " stabilisce che la legge si applica alle pubbliche amministrazioni di cui al comma 2 dell'articolo 1 del decreto legislativo 30 marzo 2001, n. 165, e successive modificazioni, agli enti pubblici economici, alle aziende private concessionarie di servizi pubblici, alle aziende municipalizzate regionali, agli enti di assistenza e di riabilitazione pubblici, alle aziende di trasporto e di telecomunicazione a prevalente partecipazione di capitale pubblico e alle aziende appaltatrici di servizi informatici.

[7] Decreto del Presidente della Repubblica, 1 marzo 2005, n. 75, Regolamento di attuazione della legge 9 gennaio 2004, n. 4 per favorire l'accesso dei soggetti disabili agli strumenti informatici http://www.pubbliaccesso.gov.it/normative/regolamento.htm

decreto ministeriale attuativo[8] sono stati definiti i requisiti tecnici e le metodologie per la verifica dell'accessibilità dei siti web pubblici. Tuttavia, a distanza di alcuni anni, i siti della Pubblica Amministrazione italiana presentano ancora un livello eterogeneo di adeguamento alla normativa sull' accessibilità degli stessi siti web che risultano, nel complesso, ancora poco accessibili[9]. A fronte di situazioni di eccellenza, molti siti web pubblici non permettono a tutti i cittadini un pieno accesso ai servizi erogati sul web e non risultano totalmente accessibili.

Per garantire l' accessibilità ai propri siti web, le pubbliche amministrazioni devono:

---

[8] Decreto Ministeriale 8 luglio 2005, *Requisiti tecnici e i diversi livelli per l'accessibilità agli strumenti informatici* http://www.pubbliaccesso.gov.it/normative/DM080705.htm

[9] Se si considera che già nel 2001 il Ministro per la funzione pubblica *pro tempore* aveva emanato una circolare esplicativa in tema di accessibilità " *Linee guida per l'organizzazione, l'usabilità e l'accessibilità dei siti web delle pubbliche amministrazioni*" il ritardo da parte delle amministrazioni risulta ancora meno comprensibile e giustificabile.

o rispettare i requisiti tecnici previsti nell' Allegato A del Decreto Ministeriale 8 luglio 2005[10] e rendere accessibili e pienamente fruibili tutti i rapporti telematici con i cittadini;

o formare adeguatamente il personale che si occupa dell' aggiornamento dei siti web per garantirne l' accessibilità nel tempo;

o garantire ai dipendenti disabili la possibilità di lavorare senza forme di discriminazioni;

o coinvolgere i cittadini disabili nella verifica dell' accessibilità ai propri siti web.

Nel continuo processo di adeguamento alla normativa un ruolo chiave è svolto dal responsabile dell' accessibilità informatica dell' Amministrazione. Si raccomanda, quindi, che il responsabile dell' accessibilità

---

[10] Al momento della stesura delle presenti Linee guida, l' Allegato A del Decreto Ministeriale 8 luglio 2005 è in via di revisione per permettere un aggiornamento della normativa italiana alle evoluzioni degli strumenti tecnologici e delle regolamentazioni internazionali intervenute dalla sua pubblicazione.

coincida con uno dei responsabili del procedimento di pubblicazione dei contenuti sui siti web, o, quanto meno, che si coordini costantemente con essi.

Al fine di migliorare l' accessibilità dei siti web delle Pubbliche Amministrazioni, il Ministro per la pubblica amministrazione e l'innovazione, con la collaborazione di DigitPA e del Formez PA:

o svolge le funzioni di monitoraggio dei siti web pubblici, al fine di valutare periodicamente l' accessibilità dei servizi pubblici erogati on line;

o rileva le segnalazioni di inaccessibilità fatte dai cittadini sul sito www.accessibile.gov.it e le inoltra ai responsabili dei siti web pubblici;

o segnala le migliori pratiche di accessibilità, anche avvalendosi delle segnalazioni fatte dai cittadini sul sito www.accessibile.gov.it ;

o favorisce la diffusione della cultura dell' accessibilità con azioni di formazione e informazione sul tema.

4.2. Indirizzi sul design e usabilità

Rivolgendosi a una platea eterogenea ed estremamente differenziata (giovani, anziani, cittadini con diverso grado di scolarizzazione, disabili, utenti con scarsa dimestichezza nell' utilizzo degli strumenti informatici, ecc.), i siti web della pubblica amministrazione devono contenere informazioni e servizi facilmente utilizzabili da tutti. Un sito pubblico deve quindi essere progettato considerando le esigenze di tutti gli utenti, qualsiasi sia la loro competenza informatica o abilità fisica.

Un aspetto estremamente importante per tutti i siti della Pubblica Amministrazione risulta quindi l' usabilità dei propri servizi on line[11]. L' usabilità non è una caratteristica intrinseca del sito, ma riguarda invece l' ambito dell' interazione tra l' uomo e il sito con il quale si trova a interagire.

L' usabilità deve essere dunque definita e creata nel corso della

---

[11] Lo standard ISO 9241-11:1998 definisce l' usabilità come " l' efficacia, l' efficienza e la soddisfazione con cui determinati utenti raggiungono determinati obiettivi in determinati contesti".

progettazione, verificata insieme agli utenti in un processo iterativo di controllo e correzione e, quindi, valutata alla fine del processo.

Sul tema dell' usabilità non esiste una normativa specifica a supporto, anche se il CAD[12] stabilisce i principi generali per la progettazione dei siti web, ricordando che è obbligo delle pubbliche amministrazioni realizzare siti istituzionali che rispettino i principi di elevata usabilità e reperibilità, chiarezza di linguaggio e semplicità di consultazione[13].

L'obiettivo deve essere il miglioramento della qualità del sito e l'aumento della soddisfazione dei cittadini, a cui può fare seguito una riduzione dei costi di assistenza agli utenti e un perfezionamento

---

[12] Art.53, comma 1 del dlgs 7 marzo 2005, n.82 recante " Codice dell' Amministrazione digitale" , come modificato dall' articolo 21 del dlgs. 4 aprile 2006 n. 159 e dall' art. 34 della L. 18 giugno 2009, n. 69

[13] Pur occupandosi di accessibilità, anche la Legge 4/2004 sottolinea l' importanza del miglioramento dell' usabilità dei siti web pubblici. Nel Regolamento di attuazione infatti, tra i criteri ed i principi generali per l' accessibilità è inserita anche la fruibilità delle informazioni offerte che devono essere caratterizzata dalla facilità e semplicità d' uso.

LA COMUNICAZIONE ISTITUZIONALE IN RETE

dell'immagine complessiva dell'ente e della pubblica amministrazione in generale.

Nella Tabella 4 sono elencati i principi dell' usabilità che dovrebbero sempre animare la progettazione, lo sviluppo e l' evoluzione dei siti web pubblici.

Principi	Declinazioni
Percezione	Le informazioni e i comandi necessari per l'esecuzione dell'attività devono essere sempre disponibili e percettibili.
Comprensibilità	Le informazioni e i comandi necessari per l'esecuzione delle attività devono essere facili da capire e da usare.
Operabilità	Le informazioni e i comandi devono consentire una scelta immediata delle azioni necessarie al raggiungimento dell'obiettivo voluto.
Coerenza	I simboli, i messaggi e le azioni devono avere lo stesso significato in tutto il sito.
Tutela della salute	Il sito deve possedere caratteristiche idonee a salvaguardare il benessere psicofisico dell'utente.
Sicurezza	Il sito deve possedere caratteristiche idonee a fornire transazioni e dati affidabili, gestiti con adeguati livelli di sicurezza.
Trasparenza	Il sito deve comunicare all'utente lo stato, gli effetti delle azioni compiute e le informazioni necessarie per la corretta valutazione delle modifiche effettuate sul sito stesso.
Facilità di apprendimento	Il sito deve possedere caratteristiche di utilizzo di facile e rapido apprendimento.
Aiuto e documentazione	Le funzionalità di aiuto, quali le guide in linea, e la documentazione sul funzionamento del sito devono essere di facile reperimento e collegate alle azioni svolte dall'utente.
Tolleranza agli errori	Il sito deve essere configurato in modo da prevenire gli errori; ove questi, comunque, si manifestino, occorre segnalarli chiaramente e indicare le azioni necessarie per porvi rimedio.
Gradevolezza	Il sito deve possedere caratteristiche idonee a favorire e a mantenere l'interesse dell'utente.
Flessibilità	Il sito deve tener conto delle preferenze individuali e dei contesti.

Tabella 4 – Principi di usabilità per i siti web della PA

Per migliorare l' usabilità dei propri siti web, le pubbliche amministrazioni devono:

o rispettare i principi di usabilità definiti dalla letteratura internazionale;

74

o effettuare test periodici con i propri utenti;

o attivare forme di ascolto dei cittadini per raccogliere eventuali segnalazioni sulle difficoltà incontrate nell' utilizzo dei servizi erogati on line;

o dare pubblicità circa test effettuati con gli utenti, in modo permettere la diffusione delle migliori pratiche.

Il responsabile del procedimento di pubblicazione dei contenuti svolge anche in questo caso un ruolo chiave. Avendo una conoscenza approfondita dell' utenza del sito web, può interpretarne il grado di soddisfazione e adattare di conseguenza la comunicazione on line della propria amministrazione.

5. Accesso ai servizi on line

Le modalità di accesso ai servizi on line che richiedono autenticazione sono regolate dall' art. 64 del Decreto legislativo 7 marzo 2005, n. 82 recante " Codice dell' amministrazione digitale" (CAD) che prevede la carta d'identità elettronica e la carta nazionale dei servizi quali strumenti per l'accesso ai servizi erogati in rete dalle pubbliche amministrazioni.

Le pubbliche amministrazioni possono tuttavia consentire l'accesso ai servizi in rete con strumenti diversi, purché siano in grado di consentire l' accertamento dell'identità del soggetto che richiede l'accesso. L'accesso con carta d'identità elettronica e carta nazionale dei servizi è comunque consentito indipendentemente dalle modalità di accesso predisposte dalle singole amministrazioni.

Nel caso specifico di una amministrazione che aderisca ad SPC, l' art. 22 del decreto del Presidente del Consiglio dei Ministri 1 aprile 2008, prevede la Gestione delle Identità Federate (GFID). Il documento " Modello di Gestione Federata delle Identità Digitali (GFID)" , pubblicato sul sito di DigitPA, approfondisce gli scenari e gli utilizzi a cui fare riferimento per un corretto utilizzo di tale modalità di accesso.

Sul piano dell' attuazione, si deve tener conto delle criticità connesse alla diffusione sul territorio nazionale dei due strumenti (la CIE è poco diffusa; la CNS è diffusa solo in alcune Regioni).

Pertanto, come previsto dal comma 2 del richiamato art. 64 del CAD, per superare - almeno nel transitorio - tali criticità, l' accesso può essere consentito anche attraverso strumenti di autenticazione debole, quali la *userid*, purché siano rispettate le seguenti misure minime di sicurezza:

o sia distribuita accertando l' identità del soggetto che la riceve;

o sia internamente associata anche al codice fiscale del soggetto che la riceve (misura tecnica atta a favorire il collegamento tra certificato di autenticazione ed *userid*);

o sia accompagnata da una *password* di attivazione che il soggetto deve modificare al suo primo accesso;

o sia gestita in modo da tutelare il soggetto ed il sistema da eventuali tentativi di utilizzo fraudolento anche nel rispetto delle misure di sicurezza indicate in proposito dal Garante per la Protezione dei dati personali.

È necessario distinguere l' accesso ai servizi on line dall' autorizzazione – per il soggetto che ha avuto accesso ai servizi – ad utilizzare i diversi servizi. A titolo esemplificativo, un professionista può essere abilitato all' accesso alla sezione " Servizi per le imprese" , ma può essere autorizzato a svolgere solo quei servizi per i quali ha ricevuto dall' impresa " delega ad operare" .

L' autorizzazione ad operare per le diverse finalità previste può essere, anche in ragione della specifica finalità:

o puntuale: ad ogni soggetto è associata la lista delle finalità per le quali è abilitato ad operare;

o per profili: ad ogni classe di soggetti individuata è associata la lista delle finalità per le quali il soggetto che appartiene alla classe è abilitato ad operare.

Il soggetto viene autenticato all' accesso (GFID, CIE, CNS o *userid)* e, sulla base del codice fiscale, si accede al sistema di gestione delle autorizzazioni per verificare le abilitazioni. È necessario tenere traccia delle operazioni svolte da ciascun utente e di chi le ha eseguite, in modo da abilitare funzionalità di auditing e di certificazione sulle attività svolte per le diverse finalità previste.

Dovranno essere indicate tutte le operazioni, sia quelle andate a buon fine che quelle annullate.

6. Policy

Ogni sito pubblico deve fornire ai propri utenti una informativa chiara e completa in merito a:

- caratteristiche generali dei contenuti proposti dal sito e loro corretto utilizzo;

- modalità di trattamento dei dati eventualmente resi disponibili dagli utenti.

La consultazione della policy deve essere costantemente disponibile all' interno del piè di pagina del sito. È opportuno distinguere i due tipi di contenuti: il primo sarà indirizzato dall' etichetta " Note" o " Note legali" ; il secondo dall' etichetta " Privacy" o " Protezione dei dati personali" .

Nelle " Note legali" devono essere fornite informazioni almeno in relazione ai seguenti argomenti:

o copyright: possibilità e limitazioni in ordine all' utilizzo dei contenuti del sito;

o utilizzo del sito: responsabilità derivanti dall' utilizzo del sito;

o accesso a siti esterni collegati: responsabilità sui contenuti di siti esterni collegati;

o download: regole per l' utilizzo dei materiali scaricabili dal sito.

Nella sezione " Privacy" devono essere descritte le modalità di gestione del sito in riferimento al trattamento dei dati personali e degli utenti che interagiscono con i servizi resi disponibili. Si tratta di una informativa da rendere ai sensi del Decreto legislativo 2003, n. 196 " Codice in materia di protezione dei dati personali" [14].

Il contenuto dovrà ispirarsi anche alla Raccomandazione 17 maggio 2001, n. 2 che

---

[14] Si vedano in particolare gli artt 7 e 13 del citato decreto legislativo 2003, n. 196 " Codice in materia di protezione dei dati personali" .

le autorità europee per la protezione dei dati personali, riunite nel Gruppo di cui all' art. 29 della Direttiva 95/46/CE, hanno adottato per individuare alcuni requisiti minimi per la raccolta di dati personali *online* e, in particolare, le modalità, i tempi e la natura delle informazioni che i titolari del trattamento devono fornire agli utenti quando questi ultimi si collegano a pagine web, indipendentemente dagli scopi del collegamento.

Nel predisporre l' informativa si raccomanda di considerare:

o Tipi di dati trattati distinguendo tra:

Dati di navigazione

Si tratta di informazioni che non sono raccolte per essere associate a interessati identificati, ma che per loro stessa natura potrebbero, attraverso laborazioni ed associazioni con dati detenuti da terzi, permettere di identificare gli utenti. In questa categoria di dati rientrano gli indirizzi IP o i nomi a dominio dei computer utilizzati dagli utenti che si connettono al sito, gli indirizzi in notazione URI (Uniform Resource Identifier) delle risorse richieste, l'orario della richiesta, il metodo utilizzato nel sottoporre la richiesta al server, la dimensione del file ottenuto in risposta, il codice numerico indicante lo stato della risposta data dal server (buon fine, errore, ecc.) ed altri parametri relativi al sistema operativo ed all'ambiente informatico dell'utente. Tali dati devono essere utilizzati al solo fine di ricavare informazioni statistiche anonime sull'uso del sito e per controllarne il corretto funzionamento e sono cancellati immediatamente dopo l'elaborazione. I dati possono essere utilizzati per l'accertamento di responsabilità in caso di ipotetici reati informatici ai danni del sito.

Dati forniti volontariamente dall'utente

Molti servizi web prevedono l'invio facoltativo, esplicito e volontario di posta elettronica agli indirizzi indicati sul sito che comporta la successiva acquisizione dell'indirizzo del mittente, necessario per rispondere alle richieste, nonché degli eventuali altri dati personali inseriti nella missiva. Specifiche informative di sintesi (*disclaimer*) debbono essere visualizzate nelle pagine del sito predisposte per particolari servizi a richiesta. Deve essere inoltre indicato il trattamento di dati sensibili o giudiziari eventualmente forniti dall'utente nel corpo della mail.

- Cookies:

    Nessun dato personale degli utenti deve essere di proposito acquisito dal sito. Non deve essere fatto uso di cookies per la trasmissione di informazioni di carattere personale, né debbono essere utilizzati cookies persistenti di alcun tipo, ovvero sistemi per il tracciamento degli utenti. L'uso di cookies di sessione (che non debbono venire memorizzati in modo persistente sul computer dell'utente e debbono svanire con la chiusura del browser) deve essere strettamente limitato alla trasmissione di identificativi di sessione (costituiti da numeri casuali generati dal server) necessari per consentire l'esplorazione sicura ed efficiente del sito, evitando il ricorso ad altre tecniche informatiche potenzialmente pregiudizievoli per la riservatezza della navigazione degli utenti, e non debbono consentire l'acquisizione di dati personali identificativi dell'utente. L'utilizzo di cookies permanenti deve essere strettamente limitato all'acquisizione di dati statistici relativi all'accesso al sito. L'eventuale disabilitazione dei cookies sulla postazione utente non deve influenzare in alcun modo l'interazione con il sito.

* Diritti degli interessati:

I soggetti cui si riferiscono i dati personali hanno il diritto, in qualunque momento, di ottenere la conferma dell'esistenza o meno dei medesimi dati e di conoscerne il contenuto e l'origine, verificarne l'esattezza o chiederne l'integrazione o l'aggiornamento, oppure la rettifica ai sensi dell' art. 7 del Decreto legislativo 2003 n. 196. Ai sensi del medesimo articolo l' utente ha il diritto di chiedere la cancellazione, la trasformazione in forma anonima o il blocco dei dati trattati in violazione di legge, nonché di opporsi in ogni caso, per motivi legittimi, al loro trattamento.

7. Dati per il monitoraggio

Ogni Amministrazione deve organizzare adeguatamente la rilevazione di dati statistici utili a comprendere il livello di utilizzo del proprio sito, i contenuti più graditi, quelli più ricercati all' interno del sito, quelli maggiormente intercettati dai motori di ricerca esterni.

Un monitoraggio costante di tale tipologia di dati è alla base del processo di continuo miglioramento che deve essere attivo su ogni sito istituzionale per fidelizzare l' utenza e accrescerla nel tempo. Il set minimo di dati di cui si richiede la misura è il seguente:

visitatori unici: rappresentano il numero di visitatori non duplicati – calcolati una sola volta – di un sito web durante uno specifico periodo di tempo[15]; è indice del livello di diffusione del sito;

sessioni utente: rappresentano il periodo di interazione tra il browser di un visitatore e il sito che termina con la chiusura della finestra del browser o del programma del browser, oppure dopo uno specifico periodo di tempo di inattività dell'utente su tale sito; è indice del livello di utilizzo di un sito;

pagine viste: rappresentano il numero di volte in cui una pagina – cioè un' unità analiticamente definibile di contenuti richiesti da un visitatore – è stata visualizzata; è indice del livello di interesse ai contenuti del sito.

---

[15] Si raccomanda di considerare, per le statistiche web, un visitatore unico ogni 30 minuti per IP.

Per i siti già in esercizio, tali dati, riferiti all' ultimo anno[16], devono essere forniti al momento dell' iscrizione del sito al dominio .gov.it.

Ogni Amministrazione deve rendere disponibili mensilmente i citati dati, pubblicati nella sezione www.nomesito.gov.it/datimonitoraggio, per le azioni di monitoraggio, di cui all' art. 3 della Direttiva n. 8/2009, curate da DigitPA.

---

[16] O al periodo di esercizio del sito se inferiore all' anno.

CRITERI DI INDIRIZZO E STRUMENTI PER IL TRATTAMENTO DEI DATI, DELLA DOCUMENTAZIONE PUBBLICA E PER LA LORO REPERIBILITÀ

I dati e i contenuti prodotti e gestiti dalla pubblica amministrazione nell'esercizio delle proprie attività, rappresentano una risorsa strategica da un punto di vista sociale, politico, economico e culturale. Si tratta di un enorme patrimonio di conoscenza, che non sempre è facilmente accessibile da parte degli utenti. L' adeguata diffusione di queste informazioni (dati statistici e territoriali, rapporti socio-economici, normativa, ecc.) può rappresentare un importante elemento per favorire la crescita economica e produttiva, la ricerca, l' innovazione, la competitività e per incoraggiare la partecipazione dei cittadini alla vita pubblica. I siti delle pubbliche amministrazioni rappresentano potenzialmente il luogo privilegiato di diffusione. Con il web le pubbliche amministrazioni hanno reso disponibile parte di questo patrimonio ma con modalità diverse e non sempre facilmente riconoscibili. Vi è quindi la necessità anche per la grande quantità di informazioni a disposizione di definire principi e regole per la loro archiviazione e diffusione.

In questa sezione, le presenti Linee Guida approfondiscono il tema dell' accesso alla conoscenza prodotta della pubblica amministrazione, fornendo indicazioni operative per la classificazione, l' archiviazione e la diffusione dei dati e dei contenuti prodotti dalle pubbliche amministrazioni italiane.

1. Classificazione e semantica

I cittadini devono poter accedere facilmente ai contenuti (pagine web, informazioni, dati, documenti) prodotti dalle pubbliche amministrazioni e resi disponibili sui siti web.

Per quanto riguarda i dati pubblici, conoscibilità e disponibilità in rete sono principi più volte sanciti nelle disposizioni normative relative alle pubbliche amministrazioni in rete. Il Codice dell'amministrazione digitale (CAD) delinea il principio di generale disponibilità in rete dei dati pubblici[17], disponibilità definita dallo stesso come "possibilità di accedere ai dati senza restrizioni non riconducibili a esplicite norme di legge". Reperibilità, interoperabilità e semplicità di consultazione sono previste dal CAD tra le caratteristiche da rispettare nella realizzazione dei siti[18].

La difficoltà nella reperibilità della molteplici informazioni disponibili *on line,* dovuta per lo più alle diverse logiche organizzative dei siti da parte delle singole amministrazioni, deve indurre a definire con maggiore chiarezza le modalità di offerta dei contenuti prodotti, classificati secondo

[17] Art. 50 comma 1 del Decreto legislativo 7 marzo 2005, n. 82 – Codice dell'amministrazione digitale.
[18] Art. 53 del Decreto legislativo 7 marzo 2005, n. 82 – Codice dell'amministrazione digitale.

standard e finalizzati, conseguentemente, al loro riuso[19][20].

I sistemi di classificazione utilizzati per le risorse dei siti web della Pubblica Amministrazione devono consentire l'interoperabilità semantica, ovvero la possibilità di individuare in modo omogeneo gli attributi che caratterizzano una risorsa

[19] Direttiva 2003/98/CE del Parlamento europeo e del Consiglio del 17 novembre 2003 relativa al riutilizzo dell'informazione del settore pubblico, Articolo 9, Modalità pratiche, " Gli Stati membri garantiscono che siano previste modalità pratiche per facilitare la ricerca di documenti disponibili per il riutilizzo, come elenchi di contenuti, di preferenza accessibili per via elettronica, dei documenti più importanti e dei portali collegati a elenchi di contenuti decentralizzati." 1. Decreto legislativo 24 gennaio 2006, n. 36. Attuazione della direttiva 2003/98/CE relativa al riutilizzo di documenti nel settore pubblico, Articolo 9, Strumenti di ricerca di documenti disponibili. " Le pubbliche amministrazioni e gli organismi di diritto pubblico promuovono forme di adeguata informazione e comunicazione istituzionale relativamente ai documenti oggetto di riutilizzo, anche attraverso i propri siti istituzionali e prevedono modalità pratiche per facilitare la ricerca di documenti disponibili per il riutilizzo quali elenchi, portali e repertori collegati ad elenchi decentralizzati" .
[20] Comunicazione della Commissione al Parlamento europeo, al Consiglio, al Comitato economico e sociale europeo e al Comitato delle regioni, Riutilizzo dell'informazione del settore pubblico: riesame della direttiva 2003/98/CE – Bruxelles, 7.5.2009, COM(2009) 212 definitivo. " Si sollecitano gli enti pubblici a identificare le loro fonti di informazioni e metterle a disposizione in maniera agevole e immediata, in formati stabili. Molto utili a tal fine sono strumenti quali gli elenchi di informazioni e i portali nazionali sull'informazione del settore pubblico" .

(metadati) e i valori che gli attributi possono assumere (vocabolari) quando si descrivono i contenuti.

Sistemi tecnologicamente interoperabili in assenza di interoperabilità semantica non possono scambiare e condividere dati, documentazione e servizi.

Per migliorare la reperibilità dei contenuti prodotti dalle pubbliche amministrazioni, per favorirne lo scambio e la condivisione tra Amministrazioni, per consentire l'interoperabilità semantica dei sistemi web pubblici, si raccomanda:

- di promuovere una organizzazione dei contenuti tale che possano essere oggetto di condivisione, scambio, integrazione all' interno della stessa amministrazione e con altre amministrazioni;

- di utilizzare lo standard di metadati Dublin Core[21]. Accompagnare le risorse web (informazioni, documenti, pagine web, banche dati) con metadati che le

---

[21] http://dublincore.org/.

descrivano ne consente l' identificazione univoca e stabile, ne agevola la classificazione anche nei repository istituzionali, ne facilita la ricerca;

- di utilizzare vocabolari controllati o schemi di codifica per le diverse categorie di metadati (tipologici, tematici, geografici, temporali, ecc.). L'uso di vocabolari condivisi tra più pubbliche amministrazioni favorisce l'integrazione delle risorse, facilita la ricerca nei repository pubblici da parte dei cittadini e ne rende più affidabili i risultati;

- di organizzare i contenuti secondo un' architettura dell' informazione che consenta la loro presentazione in ordine di rilevanza e pertinenza con i diversi argomenti trattati, la gestione di correlazioni tra i diversi contenuti e la loro lettura secondo più percorsi di navigazione;

- di rendere disponibile un motore di ricerca interno per il raggiungimento immediato dei contenuti del sito attinenti all' argomento di interesse. L' accesso al motore di ricerca interno deve essere costantemente disponibile nella testata del sito.

Possono essere adottati anche sistemi di classificazione semantica multidimensionale(classificazione a faccette)[22] per permettere ai cittadini di ottenere in maniera più efficace le informazioni di proprio interesse. I sistemi di classificazione devono infatti rispondere alle esigenze del cittadino utente e non

---

[22] La classificazione a faccette (Faceted Classification) è un metodo di classificazione basato sulla multidimensionalità dell'informazione, ovvero sulla possibilità di descrivere un oggetto secondo molteplici punti di vista. Ogni faccetta rappresenta una delle proprietà essenziali e persistenti dell'oggetto. Le faccette nel loro insieme sono in grado di descrivere esaustivamente l' oggetto stesso. Le caratteristiche principali di questo metodo sono:
1. pluridimensionalità: nei sistemi a faccette, ogni oggetto è classificato secondo una pluralità di attributi, le faccette;
2. persistenza: le faccette costituiscono proprietà essenziali e persistenti dell'oggetto; in questo modo l'impatto (sullo schema di classificazione) di eventuali cambiamenti (di nomenclatura, di workflow ecc.) è fortemente ridotto o nullo;
3. scalarità: è sempre possibile aggiungere una nuova faccetta descrittiva di un nuovo aspetto dell'oggetto;
4. flessibilità: esiste una pluralità di chiavi di accesso parallele (faccette); ogni oggetto può essere reperito, utilizzando un singolo attributo di ricerca (o faccetta) alla volta, oppure più attributi insieme in combinazione.

rispecchiare solo l'organizzazione e le funzioni dell'amministrazione.

In quest' ottica, i motori di ricerca sono uno degli strumenti fondamentali per acquisire visibilità sulla rete in quanto possono consentire agli utenti di raggiungere direttamente i contenuti ai quali sono interessati.

Le tecniche volte a far risultare un sito visibile sui motori di ricerca (a cui ci si riferisce col termine "posizionamento") sono molte e riguardano anche la fase di progettazione del sito. I principali parametri, ancorché non gli unici, cui fare riferimento per salire nel posizionamento sono:

- la quantità di contenuti di testo sull' argomento ricercato dall'utente; è quindi opportuno produrre considerevoli quantità di testo e trattare gli argomenti per i quali si ha più interesse a portare l' utente sul proprio sito, in maniera estesa e approfondita;

- la presenza nei testi di parole chiave che presumibilmente gli utenti useranno come termini di ricerca sui motori; il numero delle parole chiave presenti nei testi non deve tuttavia essere aumentato artificiosamente perché i motori di ricerca più raffinati sono in grado di riconoscere e penalizzare tali comportamenti;

- il numero di link diffusi nel web che puntano al sito e che ne definiscono la " popolarità" ; è quindi opportuno che i siti pubblici si promuovano reciprocamente inserendo, ogni volta che è utile e significativo, il link ad altri siti pubblici d' interesse per le tematiche trattate o di riferimento territoriale (es. nei siti dei comuni sarà presente il link al sito della Provincia e della Regione di appartenenza).

2. Formati aperti

I formati aperti, ovvero specifiche pubbliche per la descrizione e l'archiviazione di dati digitali senza barriere di natura legale o tecnica, rappresentano oggi una opportunità preziosa per garantire l'accesso a lungo termine alla documentazione e ai dati prodotti dalla Pubblica amministrazione.

Inoltre, in un' ottica di lungo periodo, l' importanza dell' utilizzo di formati aperti assume particolare rilevanza anche a fronte del processo di dematerializzazione che è attualmente in atto.

Le pubbliche amministrazioni italiane, in coerenza con quanto già avviene nei paesi della Comunità europea, nella scelta dei formati da usare per la diffusione e archiviazione dei propri dati e documenti devono tenere conto di:

- evitare di imporre vincoli tecnologici ed economici agli utenti;

- assicurare interoperabilità tra i sistemi e flessibilità nell' utilizzo dei dati;

- evitare vincoli nei confronti di particolari produttori, favorendo la libera concorrenza di mercato;

- utilizzare standard che siano certificati e diffusi.

A differenza dei formati proprietari, i formati aperti non hanno misure di restrizioni legale per il loro utilizzo e vengono solitamente gestiti da un enti di standardizzazione non proprietari, i quali rilasciano le relative specifiche a disposizione di una comunità di sviluppo che a loro volta contribuiscono all' evoluzione degli standard. I formati aperti hanno il vantaggio di poter essere gestiti sia da software proprietari, open source o da software libero, ciascuno con le proprie modalità di licenza, lasciando a l' utente la possibilità di utilizzare la piattaforma che preferisce.

A fronte di quanto detto, viene raccomandato l' uso dei seguenti formati aperti e standardizzati:

- HTML per la pubblicazione di informazioni pubbliche su Internet;

- PDF, redatto in forma accessibile, per i documenti non modificabili (atti, norme, ecc);

- XML per la realizzazione di database di pubblico accesso ai dati.

3. Contenuti aperti

La pubblica amministrazione, intesa come soggetto unico, è uno di maggiori detentori e produttori di dati. A tutti i livelli amministrativi vengono prodotti ogni giorno dati di diversa tipologia e natura tematica (anagrafici, socioeconomici, catastali, ecc.), così come una consistente quantità contenuti (articoli, rapporti, analisi, norme, ecc.). Questo insieme di informazioni rappresenta un patrimonio comune di conoscenza che, in quanto tale, deve essere messo a disposizione degli utenti e più in generale di tutti gli attori economici e sociali.

Nella divulgazione dei dati e dei contenuti prodotti le pubbliche amministrazioni italiane devono considerare:

- l' eventuale rilascio attraverso licenze l' uso che ne favoriscano la diffusione verso i cittadini e incoraggino il loro riutilizzo presso le imprese;

- l' utilizzo di internet come canale di comunicazione primario, in quanto il più accessibile e meno oneroso, attraverso il quale diffondere i flussi informativi;

- la sicurezza dei dati;

- l' utilizzo di formati aperti, standardizzati e interoperabili.

Nel 2006 l' Italia ha recepito le indicazione normative comunitarie relative al riutilizzo di documenti nel settore pubblico[23] con il Decreto legislativo 24 gennaio 2006, n. 36 definendo in particolare il formato

---

[23] Direttiva 2003/98/CE relativa al riutilizzo dell'informazione del settore pubblico che definisce un " complesso minimo di norme in materia di riutilizzo e di strumenti pratici per agevolare il riutilizzo dei documenti esistenti in possesso degli enti pubblici degli Stati membri (cfr. Art. 1)" . Alla Direttiva ha fatto seguito la Comunicazione UE del 2009 sul " Riutilizzo dell'informazione del settore pubblico" che, ribadendo la necessità di rendere pubblici i contenuti e i dati prodotti dalle PA, mette in evidenza " le possibilità di riutilizzo di tali informazioni nell'era digitale"

elettronico come preferibile a quello cartaceo[24] e Internet come canale principale per la diffusione dei dati[25].

In riferimento alle disposizione normative sopra indicate, diventa necessario per le pubbliche amministrazioni italiane specificare le condizioni di riutilizzo con cui vengono resi disponibili i datie i contenuti prodotti. In particolare, occorre valutare l' adozione di licenze di utilizzo che permettano di limitare i propri diritti sul copyright rilasciando quindi contenuti a licenza aperta.

Esistono diverse tipologie di licenze aperte: Creative Commons, copyleft, licenze per il grande pubblico. Esse non escludono il copyright ma, nella maggior parte dei casi, prevedono una clausola che consente agli utenti ed agli operatori di riutilizzare e/o condividere l' opera protetta per fini non commerciali.

---

[24] Art.6 del decreto legislativo del 24 gennaio 2006 n.36.
[25] Artt.5 e 9 del Decreto legislativo del 24 gennaio 2006 n.36.

Particolarmente appropriate agli scopi ed al contesto pubblico sono le licenze Creative Commons, in quanto caratterizzate da flessibilità di utilizzo e concepite per consentire agli autori di mantenere il controllo sul proprio lavoro senza limitarne l' utilizzo da parte di altri soggetti, siano essi pubblici o privati.

METODI PER LA RILEVAZIONE E IL CONFRONTO DELLA QUALITÀ DEI SITI WEB DELLA PA

La valutazione da parte degli utenti, le rilevazioni di qualità attraverso il benchmark tra amministrazioni, il confronto e l' interazione dei cittadini rappresentano un supporto prezioso ai *decision maker* pubblici, sia in fase di progettazione che di correzione o ripensamento delle iniziative di comunicazione via web e dei servizi on line.

Nei tre paragrafi che seguono sono proposti i principi generali utili a fornire elementi di indirizzo per le pubbliche amministrazioni e viene presentato un set minimo di strumenti operativi, volti a verificare il valore di un servizio web pubblico, espresso attraverso un confronto aperto e collaborativo sia con l' utenza che con le altre pubbliche amministrazioni.

1. Valutazione degli utenti

Per migliorare la qualità della comunicazione istituzionale e dei servizi, attraverso i diversi canali di contatto con il cittadino, le amministrazioni pubbliche devono adottare, in maniera sistematica, sistemi di valutazione centrati sugli utilizzatori dei servizi, che siano in grado di registrare in modo continuo la qualità percepita.

Con la Direttiva 24 marzo 2004 sulla rilevazione della qualità percepita dai cittadini, si è inteso promuovere, diffondere e sviluppare l'introduzione nelle amministrazioni pubbliche di metodi di rilevazione sistematica della qualità percepita dai cittadini, basati sull'ascolto e sulla partecipazione, finalizzati a progettare sistemi di erogazione dei servizi tarati sui bisogni effettivi dei cittadini, utilizzando al meglio le risorse disponibili.

Le iniziative Mettiamoci la faccia, per la rilevazione sistematica della customer satisfaction in alcuni servizi delle amministrazioni pubbliche tramite l' uso di *emoticons* ed il progetto " *customer satisfaction* per i servizi multicanale" , costituiscono modelli di riferimento per la creazione di un sistema standard per la rilevazione della soddisfazione dell'utente nei servizi *on line* delle amministrazioni pubbliche.

Per monitorare la soddisfazione degli utenti in relazione ai propri siti web, si raccomanda alle pubbliche amministrazioni di:

1) rispettare i principi di misurazione delle qualità percepita, tenendo in considerazione i riferimenti normativi esistenti;

2) attivare forme semplici di raccolta dei reclami e delle segnalazioni dei cittadini con modalità dirette ed *on line;*

3) seguire le attività tese ad approfondire vari aspetti del *Customer Satisfaction Management*, come descritto nel sito www.qualitapa.gov.it ;

4) sperimentare e adottare il sistema di rilevazione sistematica della *customer satisfaction* tramite *emoticon*, come previsto dalle Linee guida[26] del progetto Mettiamoci la faccia;

5) assicurare un sistema permanente per la raccolta, elaborazione e pubblicazione dei dati sulla customer satisfaction dei servizi on line;

6) utilizzare i dati raccolti per attivare processi di razionalizzazione e miglioramento dei servizi erogati.

2. Indici di qualità e *benchmarking*

L'utilizzo di indicatori e indici comuni permette il confronto, l'individuazione dei punti di forza e di debolezza e, conseguentemente, facilita l'attività di miglioramento dei siti web da parte dei responsabili del procedimento di

---

[26] Linee guida per la rilevazione sistematica della customer satisfaction tramite emoticon http://www.qualitapa.gov.it/fileadmin/dam/emoticons/Linee_guida_e moticons_010409.pdf – Progetto Mettiamoci la faccia 2009.

pubblicazione. Misurare la qualità di un sito è una condizione fondamentale nel processo di razionalizzazione del web pubblico, permette alle organizzazioni di effettuare opportune scelte strategiche e operative utili nella pianificazione, progettazione e valutazione dei siti web.

Un sistema di indicatori è anche utile per definire, con criteri omogenei, il valore di un sito a supporto della analisi dei costi e dei benefici che è richiesta nel processo di dismissione dei siti obsoleti.

La metodologia si basa sulla elaborazione di sei indici che rappresentano la rispondenza di un sito alle diverse categorie di requisiti trattati dalle Linee Guida:

- requisiti tecnici e legali;

- accessibilità e usabilità;

- valore dei contenuti;

- servizi;

- apertura;

- amministrazione 2.0.

Ogni indice riassume una serie di variabili che rilevano, in modo quantitativo o qualitativo, un particolare aspetto, il rispetto di un requisito, l'aderenza a una raccomandazione. La sintesi di un gruppo di indicatori forma un indice che misura il livello di qualità di ogni sito per un ambito omogeneo.

Il rispetto dei requisiti tecnici e legali comprende la presenza dei contenuti minimi, la effettiva riconoscibilità del soggetto pubblico, l'applicazione delle regole del dominio gov.it e geografico, l'identificazione del responsabile, l'applicazione della normativa sulla privacy, le prestazioni delle tecnologie.

Il livello di accessibilità e usabilità misura quanto il sito è fruibile e comprensibile, sia con il rispetto delle regole della accessibilità, che il grado di usabilità, semplicità e omogeneità della navigazione, coerenza e affidabilità della architettura informativa.

Il valore dei contenuti fornisce una indicazione della qualità dei contenuti in termini di copertura, aggiornamento, pertinenza e integrità, la raggiungibilità delle informazioni da parte dei motori di ricerca, la visibilità e la reputazione in rete, i dati degli accesso di lettori e delle pagine visitate.

I servizi erogati on line sono pesati sia sulla base della loro evoluzione da semplice informazione, alla presenza di modulistica, alla possibilità di effettuare transazioni e pagamenti, al livello di integrazione, sia sui destinatari previsti: cittadini (Government to Citizen), aziende (Government to Business) e altre amministrazioni (Government to Government).

L'apertura di un sito rappresenta il grado di interoperabilità tecnologica, semantica e organizzativa, la presenza di modelli di metadati standard, l'uso di reti semantiche, l'adozione di licenze di *open content*, la disponibilità di contenuti aperti e dati riusabili (open data).

L' Amministrazione 2.0 sintetizza l'apertura del sito verso le nuove forme di presenza attiva dei cittadini dagli strumenti di rilevazione del gradimento (emoticon) alla consultazione fino alla vera e propria partecipazione; la presenza di strumenti 2.0 come mappe, video, podcasting, microblogging, la disponibilità di pagine personalizzabili per il cittadino e la presenza dell'amministrazione nei social network.

La metodologia ha una parte di indicatori comune e una parte che tiene conto delle specificità dei diversi settori e livelli amministrativi della PA. La rilevazione è prevalentemente basata su elementi effettivamente osservabili e misurabili in modo da poter essere implementata non solo dalle singole amministrazioni, come strumento di autodiagnosi, ma anche da soggetti esterni per mettere a punto sistemi di benchmarking pubblici.

Le specifiche della metodologia di misurazione comprendono: la descrizione dei singoli indicatori ele relative modalità di rilevazione, le griglie per l' aggregazione e costruzione degli indici, la guida per la implementazione di un sistema di qualità, le applicazioni di supporto e di autodiagnosi, le modalità di restituzione e pubblicazione dei dati, gli strumenti per il benchmarking e l'analisi dei risultati.

La semplicità di rappresentazione degli indicatori in grafici radiali di immediata lettura e di facile confronto facilita il processo di benchmarking:

Figura 1 - Rappresentazione radiale degli indicatori di qualità

Il benchmarking dei siti web pubblici, con il supporto di una metodologia standard, diventa un processo di apprendimento continuo grazie alla possibilità di confronto tra gli operatori, l'identificazione di standard di prestazione (benchmark) e la condivisione di strategie per conseguireun miglioramento della qualità.

Le amministrazioni pubbliche al fine di contribuire al processo di miglioramento della qualità complessiva dei siti pubblici e quindi della comunicazione pubblica:

- adottano liberamente la metodologia, mantenendo inalterato l'impianto comune;

- avviano un processo di controllo della qualità web, integrando, se necessario, con rilevazioni interne;

- aggiornano con periodicità gli indici e rendono pubblici i dati;

- attivano un processo di benchmarking continuo:

    o si confrontano con gli standard di prestazione delle altre amministrazioni,

    o identificano le aree di miglioramento;

    o adottano le prassi eccellenti.

3. Partecipazione e web 2.0

La e-Participation intesa come partecipazione dei cittadini alle attività della Pubblica Amministrazione attraverso l' utilizzo delle Tecnologie dell' Informazione e della Comunicazione (ICT), si configura come uno degli elementi qualificanti delle politiche nazionali di e-government, in particolare per garantire un migliore accesso ai servizi (*e-inclusion*) e facilitare, in un' ottica di apertura e trasparenza, la valutazione dall' esterno dell' azione di governo, sia a livello nazionale che locale.

Il confronto e l' interazione con gli utenti rappresenta un supporto prezioso ai decision maker pubblici, sia in fase di progettazione che di correzione o ripensamento delle politiche pubbliche e dei servizi al cittadino. L'adozione degli strumenti e delle logiche di *open policies*, cioè caratterizzate da una forte interazione tra pari, devono diventare parte integrante delle modalità con cui la pubblica amministrazione si rivolge agli utenti.

Diventa oggi prioritario per i siti e i servizi web delle pubbliche amministrazioni dotarsi di strumenti che aumentino la partecipazione degli utenti attraverso l' interazione tra PA e cittadini.

Le amministrazioni pubbliche che intendono pianificare e progettare piattaforme e strumenti web per la condivisione e collaborazione con i cittadini, sono chiamate a confrontarsi sia con scelte di tipo:

- tecnologico e infrastrutturale, ad esempio, per la riduzione del divario digitale dovuto all' assenza di infrastrutture di rete a banda larga;

- metodologiche, relativamente alle modalità di interazione, ai ruoli e agli ambiti decisionali sui quali coinvolgere e far partecipare i cittadini.

Le iniziative di e-Participation devono essere accompagnate da specifiche azioni di inclusione alloscopo di:

- facilitare la partecipazione delle persone più svantaggiate, con attenzione ai loro deficit specifici (sensoriali, motori, cognitivi, ecc.), e quindi alle soluzioni software e ai canali di comunicazione più adeguati per compensarli e attenuarli;

• ridurre il divario digitale, attraverso misure volte a favorire l' accesso gratuito alla rete internet;

• promuovere il dialogo tra cittadini e istituzioni già a partire dalla fase di avvio dellaprogettazione, attivando strumenti di discussione e confronto online (forum pubblici, indagini e consultazioni online, chat tematiche, ecc.) allo scopo di condividere le regole e il modello di interazione proposti.

Gli strumenti di e-Participation dovrebbero essere utilmente integrate all' interno dei siti istituzionaliper esplicitare la relazione tra l' amministrazione e i cittadini, con la raccomandazione di garantire il massimo livello di interazione attraverso:

- l' adozione di tecnologie basate sul " linguaggio naturale", semplificando così la navigazione dei contenuti informativi online e la partecipazione al processo decisionale;

- la ri-configurazione dei servizi web esistenti, con l' introduzione di spazi e strumenti che consentono l' interazione sincrona e asincrona tra il cittadino e l' amministrazione;

- l' esplicitazione delle regole di interazione, le modalità di utilizzo degli strumenti, le forme di restituzione al cittadino dei contributi forniti online (feedback);

- l' attivazione di meccanismi di moderazione automatici, supportati dalla presenza di moderatori online;

- l' adozione di soluzioni adeguate a tutelare la privacy e la protezione dei dati dei cittadini, esplicitandone i principi nel sito web.

Il coinvolgimento dei cittadini per migliorare la gestione e la qualità dei servizi offerti dalla PA ha come precondizione, l' adozione dell' approccio web 2.0 per la comunicazione e condivisione delle risorse on line.

I social media possono essere considerati dalle PA come canali di broadcasting ad alto potenziale di audience, dalla forma semplice e di versatile diffusione tra i cittadini, estremamente economici (sia per gli utenti che PA stesse), multipiattaforma e spesso interoperabili tra loro.

Sono molti gli strumenti utili a questo scopo che in questo momento il web mette a disposizione: forum, wiki, blog, social network, XML e RSS, podcast, geotagging. La strategia d' uso degli strumenti del web 2.0, all' interno della comunicazione web delle amministrazioni, deve tenere conto:

- del target di riferimento e quindi del ruolo dell' utenza nella costruzione della conoscenza;

- del contesto organizzativo e dei modelli architetturali in cui verrà implementata.

Nella riprogettazione dei servizi e dei contenuti web in una logica 2.0, si raccomanda quindi di:

- definire l' organizzazione dei contenuti sulla base dei bisogni degli utenti;

- erogare i servizi secondo una logica multi canale e multi dispositivo;

- facilitare l' accesso ai dati e alle informazioni attraverso funzionalità evolute di ricerca e localizzazione.

GESTIONE E SVILUPPO DEI SITI WEB DELLA PUBBLICA AMMINISTRAZIONE

Delineare i criteri per lo sviluppo e la gestione dei siti web richiede:

a) da un lato, la contestualizzazione di queste attività all'interno del più ampio tema inerente il ciclo di vita dell'acquisizione delle forniture ICT (strategie di acquisizione, analisi di fattibilità, appalto pubblico, contratti ICT, governo dei contratti) delineato nelle "Linee guida sulla qualità dei beni e dei servizi ICT per la definizione e il governo dei contratti della P.A." pubblicate da DigitPA sul proprio sito;

b) dall'altro la specificazione del ciclo di vita proprio del progetto " realizzazione di un sito web" (avviamento progetto, analisi dei requisiti, disegno e progettazione tecnica, sviluppo e migrazione, collaudo e messa in esercizio, gestione).

Il paragrafo successivo di questa sezione è dedicato alla descrizione del ciclo di vita di un sito web, rimandando alle "Linee guida sulla qualità dei beni e dei servizi ICT per la definizione e il governo dei contratti della P.A." pubblicate da DigitPA, la descrizione del ciclo di vita dell' acquisizione delle forniture ICT.

Ciclo di vita per la realizzazione dei siti web pubblici

Il ciclo di vita di seguito proposto per la realizzazione dei siti web, è suddiviso in fasi iterative che comprendono tutte le tipologie di attività necessarie alla progettazione e allo sviluppo di un sito.

Le attività presentate sono di tipo progettuale (analisi dei fabbisogni e dei requisiti, progettazione dei contenuti, tecnica e grafica), operativo (sviluppo del sito) e naturalmente di tipo organizzativo e gestionale (project management, gestione del sito).

Ogni fase del ciclo di vita è descritta nelle sue attività principali ed all'interno di ciascuna fase sono segnalati i momenti di verifica con l' utenza finale.

In relazione alle diverse tipologie e dimensioni dei siti potranno essere necessarie o meno alcune fasi metodologiche. Ad esempio:

– per un sito che eroga servizi ad elevata interazione sarà assolutamente necessaria la verifica dell'usabilità e la fase di " progettazione dell' interazione" assumerà una rilevanza speciale, mentre la fase di organizzazione e gestione della redazione potrà essere minima o inesistente;

– la stessa fase di organizzazione della redazione sarà invece indispensabile per un sito che fornisce informazioni aggiornate su eventi e attività della pubblica amministrazione.

Il percorso progettuale proposto dovrà essere modulato in base a diversi fattori, primo dei quali la tipologia del sito e la quantità e varietà dei servizi che si erogano. In ogni caso, nella fase iniziale della realizzazione di un sito web è sempre necessario descrivere e formalizzare le esigenze ed i fabbisogni dell'amministrazione. Per questo si ribadisce l' importanza dello studio di fattibilità, all' interno del quale queste esigenze trovano la loro giusta collocazione.

Lo studio di fattibilità ha inoltre lo scopo di descrivere: le scelte strategiche dell'Amministrazione; la realtà dell'amministrazione (as is) al fine di un corretto dimensionamento economico del sito; i macro requisiti vincolanti le future scelte progettuali.

Le fasi sono organizzate e presentate in successione logica che non deve necessariamente essere interpretata come sequenza temporale obbligatoria. Ciò comporta la possibilità, per esigenze di progetto, di anticipare o di ritardare l'avvio di alcune fasi o di svolgere più fasi parallelamente, rispettando però sempre le propedeuticità.

È fondamentale nell'approccio proposto il coinvolgimento del committente, del cliente o degli stakeholder[27] anche attraverso la frequente condivisione di documenti di progetto evidenziati (deliverable) in maniera che si possano verificare, passo per passo, le scelte effettuate.

Di seguito, di ogni fase del ciclo di vita sarà fornita una breve descrizione, identificati i ruoli coinvolti esterni all' Ammnistrazione sulle verifiche e i test di fase e i principali "Documenti di progetto".

---

[27] Con il termine "stakeholder" si fa riferimento al portatore di interessi, ossia a chiunque sia coinvolto in qualche misura in un processo o un progetto. Gli stakeholder, nell'ambito di un progetto web per la pubblica amministrazione, possono dunque essere interni all'amministrazione stessa, quali i responsabili degli uffici interessati, o esterni. In questo caso, gli stakeholder dell'amministrazione possono comprendere anche tutti i cittadini.

Fase 1	Avviamento del progetto
Descrizione	La fase di avviamento di un progetto web coinvolge i responsabili del progetto e gli sponsor del progetto lato amministrazione (Responsabili IT, Responsabili comunicazione e Ufficio stampa, Responsabili URP) mentre lato fornitore sono coinvolte le forze commerciali, il futuro responsabile di progetto coadiuvato da un progettista/architetto dell'informazione nella sotto fase di comprensione del fabbisogno della pubblica amministrazione.
Ruoli esterni alla PA	Si consiglia per comprendere al meglio le esigenze e i bisogni interni all'Amministrazione attraverso l'utilizzo di questionari, interviste e focus group rivolti ai dirigenti amministrativi (area IT, uffici stampa, URP, uffici tecnici) coinvolti maggiormente nella progettazione e sviluppo e nella futura gestione del sito.
Documenti di progetto	**Piano dei fabbisogni.** Documento prodotto dal fornitore o dall'Amministrazione stessa. Ha gli obiettivi di favorire il dimensionamento economico del sito e dare indicazioni strategiche per la futura progettazione e sviluppo del sito. **Contratto.** Documento ufficiale che sancisce il rapporto commerciale fra l'amministrazione e fornitore. **Piano di progetto.** Documento prodotto dal Project manager del progetto lato fornitore. Riassume gli obiettivi contrattuali, definendo le fasi e le tempistiche con cui verranno completate, rilasciate e collaudate le varie componenti della fornitura. **Piano di qualità.** Documento prodotto dal Project manager del progetto lato fornitore, formalizza tutti gli aspetti di gestione e di qualità di un progetto web.

Fase 2	Analisi dei requisiti
Descrizione	La fase di analisi dei requisiti ha lo scopo di specificare in modo più completo possibile le esigenze degli stakeholder. È condotta, lato fornitore, dall'architetto dell'informazione che si interfaccia con i responsabili di progetto lato amministrazione.
Ruoli esterni alla PA	L'esplorazione e analisi delle esigenze dei cittadini e degli stakeholder può essere effettuata con diverse metodologie: il design partecipativo che coinvolge gli utenti nella definizione del dominio informativo, nella valutazione dei contenuti e nell'organizzazione degli stessi; interviste; focus group; questionari; osservazioni sul campo. I risultati di queste attività U-CD influenzano e ridefiniscono il perimetro e gli obiettivi del nuovo sito.
Documenti di progetto	**Analisi dei requisiti.** Ha il compito di formalizzare i risultati derivanti dalle analisi, di consolidare la strategia e descrivere i requisiti del sito.

Fase 3	Disegno e progettazione tecnica
Descrizione	La fase di disegno coinvolge - lato amministrazione - i responsabili della qualità e dei contenuti del progetto, mentre - lato fornitore - il responsabile della progettazione, l'architetto (o gli architetti) dell'informazione, gli esperti di usabilità e di user experience. Se si procede adottando le tecniche U-CD saranno coinvolti in questa fase anche gli utenti finali e gli stakeholder.
Ruoli esterni alla PA	Nella fase di disegno si possono eseguire queste tipologie di test: • card sorting con gli utenti finali per testare la classificazione e le label; • focus group con gli stakeholder; • test di usabilità realizzati con gli utenti finali; • cognitive walkthrough e euristiche di usabilità realizzati da esperti di usabilità.
Documenti di progetto	Documento di progettazione: • inventario dei contenuti; • nuova architettura dell'informazione del sito (tassonomie) con mappa del sito; • inventario delle label; • diagrammi di flusso e navigation design; • gabbie logiche delle pagine fondamentali. Documento di progettazione logica e fisica, che si compone del modello concettuale dei dati e del modello delle funzioni: • definizione dell'architettura tecnologica; • descrizione dei singoli componenti; • descrizione delle relazioni tra componenti e requisiti. Guida di stile: • elementi di grafica, colori (in valori esadecimali) e armonia; • elementi di immagine coordinata; • font, stile e interlinee del testo; • regole d'uso del logo; • template grafici delle pagine; • regole di impostazione generale del sito; ogni altro elemento utile alla realizzazione e gestione grafica del sito.

Fase 4	Sviluppo e migrazione del sito
Descrizione	Installazione dell'ambiente di sviluppo e di "software quality assurance". Sviluppo delle componenti software e/o parametrizzazione dei pacchetti software utilizzati. Sviluppo delle integrazioni.
Ruoli esterni alla PA	Personale del fornitore. Figure professionali rifacentesi al profilo di competenza EUCIP "esperto di applicazioni web e multimediali".
Documenti di progetto	Manuale d'uso. È un documento che descrive la gestione del back office, in particolare: • abilitazioni dei redattori al CMS al fine di produrre contenuti utili al testing; • modalità di modifica della struttura editoriale e di flusso informativo (work flow); • casi d'uso.

Fase 5	Collaudo e messa in esercizio
Descrizione	Esecuzione dei test (component test, system integration test, stress test, test di accettazione, ecc.), correzione delle anomalie, fine tuning e collaudo.
Ruoli esterni alla PA	Personale del fornitore. Figure professionali rifacentesi al profilo di competenza EUCIP "esperto di applicazioni web e multimediali" e "gestore della configurazione". Commissione di collaudo.
Documenti di progetto	**Specifiche di collaudo.** Costituiscono la guida per lo svolgimento delle attività di collaudo del sito. Le Specifiche di Collaudo sono un documento ufficiale che deve essere approvato dall'Amministrazione. **Report di test e collaudo.** Riporta tutte le informazioni sulle aree sottoposte a test e i risultati finali dei test. Il Report è un documento ufficiale che deve essere approvato dall'Amministrazione per poter procedere alla messa in esercizio del sito. **Specifiche di gestione del versionamento.** Costituisco la guida per la gestione delle configurazioni.

Fase 6	Gestione del sito
Descrizione	L'attività è solitamente a carico della struttura redazionale in seno all'amministrazione difficilmente è gestita da società esterne o completamente terzializzata. In alcuni casi, come per esempio per siti di eventi/iniziative con obiettivi di breve durata la gestione, sotto supervisione dell'amministrazione, può essere in carico ad esterni (content provider).
Ruoli esterni alla PA	Nella fase in cui si progetta e realizza la redazione web sono possibili alcune verifiche, sia di tipo empirico (con utenti finali), sia di tipo euristico (eseguite da esperti) per accertarsi della qualità dei contenuti e della navigazione ipertestuale. In questo contesto si parla di prototipo editoriale, cioè del sito finalmente pronto e arricchito anche dei contenuti. • Verifiche formale sui contenuti (correzione bozze) ; • Test di web writing (chiarezza espositiva, assenza linguaggio burocratico ecc); • Test sulla reperibilità dei documenti e delle informazioni nel motore di ricerca; • Test di verifica ed eliminazioni di link rotti. I test di verifica di questa fase, quando il sito è già on line possono essere: • questionari online; • sondaggi; • analisi delle interazioni online (SNA – ONA); • analisi di usabilità. I test porteranno a report in cui si evidenziano le aree di miglioramento per ricominciare il ciclo di analisi, progettazione e sviluppo di soluzioni migliorative in un *continuum* che salvaguarda la qualità del sito.
Documenti di progetto	**Piano editoriale.** Documento strategico editoriale, definisce chi fa cosa all'interno della redazione, formalizzando tutte le attività di reperimento, organizzazione, creazione e revisione dei contenuti. **Guida editoriale.** Documento operativo che riporta tutte le regole da rispettare nella progettazione, gestione, analisi, stesura dei contenuti del sito. **Progetto di migrazione.** Definisce tutte le tipologie e fasi di migrazione dei contenuti. **Report:** • report sugli accessi; • report richieste utenti di tipo qualitativo (mail inviate, richieste nei feedback); • report mensili andamento della redazione; • report tecnici; • report contact center (analisi delle richieste) e *customer satisfaction*.

COMPONENTI FUNZIONALI PER LA COSTRUZIONE DEI SITI WEB DELLA PA

Al fine di garantire omogeneità ai siti web della pubblica amministrazione e facilitare il riuso di specifiche parti realizzate, è utile immaginare un sito web come costruito sulla base di componenti funzionali elementari da assemblare tra loro nella fase di sviluppo. Una sorta di diversi tipi di " mattoncini" che identifichino e realizzino i servizi tipici di un sito, sulla base dei quali sia possibile costruire l' insieme delle funzionalità di ogni possibile sito dell' amministrazione.

Le categorie di servizi individuate, e approfondite nei prossimi paragrafi, sono le seguenti:

• Procedimenti Amministrativi. Servizi on line o di trasmissione dati, in grado, tra l'altro, di sostituire i servizi di sportello con equivalenti servizi esposti in formato elettronico;

• Collaborazione con cittadini ed imprese. Servizi che prevedono interazioni con gli utenti ovvero con gruppi di individui o gruppi di discussione;

• Informazioni sull' Amministrazione. Servizi che forniscono, su richiesta, informazioni strutturate e classificate riguardanti la PA;

• Uso del sito. Servizi volti a fornire strumenti di ausilio per gli utenti;

• Gestione delle identità. Servizi volti a consentire la personalizzazione di determinate componenti applicative con cui gli utenti interagiscono, quali il multilingua e localizzazione, la profilazione e la personalizzazione;

• Gestione del sito. Servizi volti alla gestione e pubblicazione di contenuti in ambito web.

L' insieme dei servizi presentati non può e non deve essere considerato esaustivo, in particolare per i servizi specifici afferenti ai procedimenti amministrativi, perché solo ciascuna amministrazione può compiutamente individuare i servizi applicabili al proprio dominio.

Nei seguenti paragrafi, sono descritti i servizi dandone una denominazione ed una breve descrizione

a. Procedimenti amministrativi

I servizi relativi ai procedimenti amministrativi di pertinenza rappresentano il contenuto più importante dei siti della pubblica amministrazione. Essi consentono di processare completamente via Internet un servizio semplice o articolato (come composizione di più servizi elementari), dall'attivazione del procedimento fino all'effettiva erogazione, integrando il sistema di *back office* della pubblica amministrazione con l'interfaccia web che diventa il *front office*, cioè lo sportello pubblico dell'amministrazione stessa.

b. *Servizi di collaborazione con cittadini ed imprese*

Intendiamo per servizi di collaborazione tutti i servizi di nuova generazione che vivono del contributo fattivo degli utenti finali per creare valore: senza la creatività, l'iniziativa, la volontà delle persone rimarrebbero lettera morta. Questi tipi di servizi sono anche comunemente indicati come applicazioni web 2.0.

L'introduzione di questa tipologia di servizi in un sito di una pubblica amministrazione può essere pianificata esattamente come tutte le altre tipologie di servizi, ma con un'attenzione in più dovuta alla loro natura di produzione collettiva, con tutti i vantaggi (tanti) e le criticità che questa modalità redazionale porta con sé.

c. *Informazioni sull' Amministrazione*

I servizi informativi consentono al cittadino di accedere, tramite Internet, ad un consistente patrimonio di informazione pubblica gratuita e liberamente accessibile;

un giacimento informativo in notevole crescita.

d. Uso del Sito

Questi servizi offrono ai cittadini ed alle imprese un aiuto sulla navigazione del sito e sulla collocazione delle informazione di proprio interesse.

e. Servizi di Gestione delle identità

Nel senso più generale del termine, per Servizio di Gestione delle Identità & Access Management si intende l'insieme di tutti i servizi necessari per gestire il ciclo di vita connesso con la gestione *dell'identità digitale* dei singoli utenti fruitori dei servizi in modo indipendente dalle singole applicazioni. Nell'ambito del CAD e ancora più specifico di SPC (Sistema Pubblico di Connettività) la gestione dell' identità digitale è stata ampiamente affrontata nell'ambito del più ampio concetto di identità Federata che rappresenta una delle evoluzioni legate all'identity management.

f. Servizi di Gestione del Sito

Il ruolo dei servizi di gestione è quello di permettere la produzione, la gestione e la cancellazione dei contenuti del sito, funzionalità di fatto complementari ai servizi trasversali.

g. Servizi trasversali

Il ruolo dei servizi trasversali è quello di completare le funzionalità esposte dai servizi di portale. Di fatto, i servizi trasversali evidenziano quelle funzionalità che trovano ambito di riutilizzo in scenari differenti in base allo specifico contesto in cui si collocano i servizi di portale a cui afferiscono.

RUOLI COINVOLTI NELLO SVILUPPO E NELLA GESTIONE DEI SITI WEB DELLA PA

In questo paragrafo si descrivono le funzioni ed i ruoli degli attori, interni all' amministrazione, che partecipano, a vario titolo e con diverse responsabilità, al processo di creazione e manutenzione dei siti, istituzionali o tematici, dell'amministrazione.

I ruoli sono elencati e descritti separatamente, sebbene un singolo dipendente ne possa ricoprire più di uno contemporaneamente in funzione delle dimensioni e della complessità sia del sito sia dell' amministrazione. Due sono, essenzialmente, gli ambiti professionali coinvolti quando si realizzano e gestiscono siti web:

- quello legato alle competenze tecnologiche nell' ICT, per il quale si individuano i ruoli di *responsabile dei sistemi informativi, responsabile della sicurezza informatica, responsabile della gestione della rete, responsabile dell'accessibilità informatica, webmaster*;

- quello legato alle competenze editoriali, per il quale si individuano i ruoli di *responsabile del procedimento di pubblicazione dei contenuti, Capo ufficio stampa, responsabile dell' ufficio relazioni con il pubblico, redattore web, web designer.*

I ruoli previsti espressamente dalle normative regolamentari che li definiscono (è il caso, ad esempio, del responsabile del procedimento di pubblicazione dei contenuti sul sito, del responsabile dell' accessibilità informatica del responsabile dei sistemi informativi e del responsabile dell' ufficio relazioni con il pubblico) saranno sinteticamente descritti nei paragrafi successivi.

a) Responsabile del procedimento di pubblicazione dei contenuti sul sito

Ogni Amministrazione deve costantemente assicurare la qualità dei contenuti presenti nei siti di cui è responsabile, in termini di appropriatezza, correttezza e aggiornamento.

Il responsabile deve garantire una gestione coordinata sia dei contenuti e delle informazioni on line, sia dei processi redazionali dell' Amministrazione.

Il responsabile è chiamato a raccogliere le segnalazioni inerenti la presenza di un contenuto obsoleto ovvero la non corrispondenza delle informazioni presenti sul sito a quelle contenute nei provvedimenti originali.

Il responsabile del procedimento di pubblicazione (RPP) è individuato tra i dipendenti dell' amministrazione e, nel caso non sia espressamente nominato, è il vertice della struttura organizzativa dell' Amministrazione che ne assume automaticamente la funzione.

Per le finalità del ruolo che è chiamato a ricoprire è opportuno che il RPP sia individuato tra i dipendenti coinvolti nel processo di produzione dei contenuti ed in grado di risalire agevolmente alla fonte per ogni necessità di intervento. Deve inoltre interagire con facilità con chi ricopre il ruolo di gestore operativo della pubblicazione.

Il nominativo del responsabile del procedimento di pubblicazione, completo di indirizzo e-mail, deve essere raggiungibile dalla barra di coda del sito (footer), presente in tutte le pagine, all' indirizzo www.nomesito.gov.it/responsabile ove possibile.

È opportuno far precedere il nominativo del responsabile del procedimento di pubblicazione da un breve testo che ne spieghi il ruolo e che chiarisca che non saranno trattate segnalazioni diverse da quelle inerenti i contenuti del sito.

b) Responsabile dell'accessibilità informatica

Il DPR 1 marzo 2005 n.75 (art. 9) individua la figura del responsabile dell'accessibilità informatica tra il personale appartenente alla qualifica dirigenziale già in servizio presso l'amministrazione stessa, la cui funzione, in assenza di specifica designazione, è svolta dal responsabile dei sistemi informativi.

Il responsabile dell'accessibilità informatica costituisce il punto di riferimento dell'amministrazione per tutte le iniziative connesse al rispetto della Legge 9 gennaio 2004, n.4 e dei successivi decreti attuativi. È la figura coinvolta nella procedura connessa all' ottenimento del logo attestante il possesso del requisito di accessibilità, di cui all' art. 5 del DPR 1 marzo 2005, n. 75. Per il ruolo che deve svolgere è opportuno che si tratti di persona coinvolta nel processo sviluppo del sito e deve altresì poter interagire con facilità con chi operativamente gestisce la redazione delle pagine.

c) Responsabile dei sistemi informativi

Il Decreto legislativo 12 febbraio 1993, n. 39 istituisce, per le Amministrazioni centrali dello Stato, la figura del responsabile dei sistemi informativi da individuarsi tra il personale appartenente alla qualifica dirigenziale di livello generale o equiparato, ovvero, se tale qualifica non sia prevista, di livello immediatamente inferiore, quale responsabile per i sistemi informativi automatizzati. Il responsabile dei sistemi informativi cura i rapporti dell'amministrazione di appartenenza con il DigitPA e assume la responsabilità per i risultati conseguiti nella medesima amministrazione con l'impiego delle tecnologie informatiche. Inoltre, contribuisce alla definizione della bozza del piano triennale, trasmette al DigitPA la relazione sullo stato dell'automazione a consuntivo dell'anno precedente, con l'indicazione delle tecnologie impiegate, delle spese sostenute, delle risorse umane utilizzate e dei benefici conseguiti.

d) Capo ufficio stampa

Istituito dalla Legge 7 giugno 2000, n. 150, il Capo ufficio stampa cura i collegamenti con gli organi di informazione, assicurando il massimo grado di trasparenza, chiarezza e tempestività delle comunicazioni da fornire nelle materie di interesse dell'amministrazione e può assumere anche il ruolo di responsabile della redazione del sito web istituzionale. Ha il compito di organizzare, in modo coerente le finalità e la strategia dell'amministrazione, l'informazione verso i media, verso le altre istituzioni e verso gli utenti dei servizi, ed è responsabile di tutti i flussi informativi (pubblicità, messaggi istituzionali, ecc.) interni ed esterni dell'amministrazione.

e) Responsabile ufficio relazioni con il pubblico

L'Ufficio relazioni con il pubblico (URP) viene istituito con l' art. 12 del Decreto legislativo 3 febbraio 1993, n. 29 (ora art.11, del Decreto legislativo 30 marzo 2001, n. 165). In seguito, la Legge 150/2000 individua in tale Ufficio la struttura preposta alla comunicazione verso i cittadini e le associazioni. L'URP deve infatti garantire l'esercizio dei diritti di informazione, di accesso e di partecipazione; agevolare l'utilizzazione dei servizi offerti ai cittadini, anche attraverso l'illustrazione delle disposizioni normative e amministrative, e l'informazione sulle strutture e sui compiti delle amministrazioni medesime; promuovere l'adozione di sistemi di interconnessione telematica e coordinare le reti civiche; attuare, mediante l'ascolto dei cittadini e la comunicazione interna, i processi di verifica della qualità dei servizi e di gradimento degli stessi da parte degli utenti; garantire la reciproca informazione fra l'ufficio per le relazioni con il pubblico e le altre strutture operanti nell'amministrazione, nonché fra gli uffici per le relazioni con il pubblico delle varie amministrazioni. Il responsabile dell'URP, oltre a garantire le funzioni proprie della struttura, deve, ai sensi della Direttiva del Ministro della funzione pubblica del 7 febbraio 2002, concorrere alla individuazione di soluzioni atte a garantire il raccordo operativo con l'Ufficio stampa e con il Portavoce, se presente all' interno dell' Ente, per massimizzare l' efficienza e l' efficacia delle risorse impiegate. A tale scopo partecipa alla struttura di coordinamento trasversale, composta anche dal Capo ufficio stampa e dal Portavoce, le cui funzioni sono quelle di programmazione, indirizzo e coordinamento delle iniziative di comunicazione.

f) Responsabile della sicurezza informatica

Cura gli aspetti legati alla sicurezza di una rete informatica, quali ad esempio l' aggiornamento antivirus, la gestione del *firewall* ecc. È in grado di analizzare un sistema informatico esistente, o in progettazione, ed individuare i possibili punti di attacco al sistema o alle informazioni in esso contenute, da parte di un utente male intenzionato.

g) Responsabile della gestione della rete

È la figura responsabile del disegno, della gestione e della manutenzione della rete dell' amministrazione. È coinvolto nella fase di passaggio in produzione delle applicazioni e dei servizi sviluppati, sia verso gli utenti interni, sia verso l' esterno. Si tratta di un ruolo che si deve integrare fortemente con il responsabile dei sistemi informativi, con il responsabile della sicurezza informatica e con il webmaster.

h) Webmaster

Il webmaster gestisce ed amministra il sito web, è responsabile dell' analisi e dello sviluppo delle applicazioni basate su web, agisce anche da coordinatore e supervisore delle attività di coloro che operano per il sito (grafici, editori, ecc.). Fra le attività proprie del webmaster si individuano: scelta ed applicazione delle soluzioni tecniche più idonee anche in termini di usabilità ed accessibilità, gestione dei contenuti e promozione del sito.

i) Redattore web

Opera in collaborazione con il Capo ufficio stampa, svolgendo attività di carattere operativo nell' ambito della produzione di materiali (testi, multimedia) per il sito web. Deve avere conoscenze di tipo tecnico-specialistico, sia sugli aspetti editoriali (composizione dei testi e delle pagine) sia sugli aspetti legati al web (tra cui l' accessibilità, il linguaggio html e gli applicativi editor).

l) Web designer

Si occupa della progettazione tecnica, strutturale e grafica del sito web. Il web designer è una persona esperta nel campo della grafica per web che traduce la bozza grafica in pagine web in formato HTML/XHTML, adatto ai browser web. Il lavoro del web designer richiede capacità di progettazione, sintesi, creatività, studio dell'interattività dei siti internet, usabilità e accessibilità per consentirne un accesso uniforme e gradevole per l' utente.

Nella Tabella sottostante i ruoli descritti sono messi in relazione con le fasi del ciclo di vita per lo sviluppo e la gestione di un sito web di cui al Capitolo Criteri per lo sviluppo e la gestione dei siti web delle PA, in cui essi sono coinvolti.

Ruoli coinvolti nelle fasi del ciclo di vita di un sito web

Fasi del ciclo di vita	Competenze ICT					Competenze editoriali				
	responsabile dei sistemi informativi	responsabile della sicurezza informatica	responsabile della gestione della rete	responsabile dell'accessibilità	webmaster	responsabile del procedimento di pubblicazione	Capo ufficio stampa	Responsabile URP	redattore	web designer
Fase 1 - Avviamento del progetto	X			X			X	X		
Fase 2 - Analisi dei requisiti	X	X	X	X			X	X		X
Fase 3 - Disegno e progettazione tecnica	X				X					X
Fase 5 - Sviluppo e migrazione del sito	X			X	X					
Fase 6 - Collaudo e messa in esercizio	X	X	X		X					
Fase 7 - Gestione del sito			X			X	X	X	X	X